TEXTURES ET TECHNIQUES ULTIMES

# LES PÂTES DE NOS RÊVES

DÉBORAH DUPONT-DAGUET
PHOTOGRAPHIES DE GÉRALDINE MARTENS
ILLUSTRATIONS D'APOLLINE MUET

F1RST
ÉDITIONS

# AVANT-PROPOS

Après les boulettes, il était logique de continuer les recettes de mes rêves salées avec les pâtes. C'est le plat réconfortant par excellence, celui que je dégaine les soirs de flemme ou quand le frigo est vide. Mes enfants en réclament au moins deux fois par semaine. D'ailleurs, si j'écoutais mon fils, nous mangerions des pâtes tous les jours, simplement à l'huile d'olive (les fameuses pâtes à rien) ou à la sauce tomate.

Pour ce livre, je suis sortie de ma zone de confort et j'ai demandé à des amis de me confier les recettes de leurs pâtes de rêve, qui se sont parfois révélées plus sophistiquées que ce que j'ai l'habitude de préparer. Et j'ai adoré ça !

Pâtes sèches ou fraîches, inspirations italiennes, asiatiques ou d'ailleurs, il y en a pour tous les goûts. Sauces crémeuses, garnitures à base de viandes, de poissons, de fruits de mer ou encore de légumes, en bouillon ou gratinées, sans oublier les one pot pasta… vous trouverez une large sélection de recettes de pâtes.

Et avec tous les conseils de cuisson et préparation, ainsi que le SAV des pâtes ratées, il sera impossible d'échouer !

Et vous, quelles seront les pâtes de vos rêves ?

**Déborah**

# SOMMAIRE

## LES ONE POT PASTA ET DÉRIVÉS



## LES PÂTES EN BOUILLON OU À LA VAPEUR



## LES PÂTES PAS COMME LES AUTRES

# LES PÂTES DANS L'HISTOIRE

Chine ou Italie ? Est-ce réellement Marco Polo qui aurait rapporté les pâtes en Europe ? En réalité, les pâtes existent depuis plusieurs millénaires, puisqu'on les date de 4 000 ans en Mésopotamie. Des traces de nouilles faites à partir de millet ont aussi été trouvées dans des plats en terre cuite datant de la même époque, le long du fleuve Jaune en Chine.

Dans la Rome antique, on préparait les *lagane* : feuilles de pâte bouillies mélangées à de la viande, des œufs, du vin et une sauce au poisson. Dès l'Antiquité, on trouve des pâtes de différents formats dans tout le Proche-Orient. Elles étaient séchées au soleil, à l'air libre. Cette tradition existe toujours sur le pourtour méditerranéen.

En France, les pâtes apparaissent dans les ouvrages de cuisine, notamment chez Menon dans la première moitié du XVIIIe siècle, qui recommande l'emploi des vermicelles et des macaronis importés d'Italie, mais ils restent encore des produits relativement onéreux. Un artisanat parisien se développe dans la seconde moitié du XVIIIe siècle et au XIXe. Le bouillon de vermicelles et les gratins de macaronis deviennent des classiques. L'industrie apparaît et se développe à Clermont-Ferrand et surtout à Lyon (Rivoire & Carret) et Marseille (Panzani).

Parallèlement il y a aussi une tradition alsacienne. Les pâtes aux œufs existent vraisemblablement depuis le XV^e siècle et étaient fabriquées le dimanche par les mères de famille qui les mettaient à sécher devant le four du boulanger. Au début du XX^e siècle, ce sont d'ailleurs d'anciens boulangers qui décident de lancer une production plus industrielle. La recette traditionnelle, avec 320 g d'œufs frais par kilo de semoule de blé dur de qualité supérieure, est protégée par le label IGP.

À la différence des pâtes italiennes, les pâtes aux œufs nécessitent une cuisson à point (qui les laissera fermes et souples à la fois) et ne supportent pas d'être *al dente*.

En Asie, les nouilles sont servies en soupe ou sautées au wok. Elles constituent l'un des principaux aliments de base. Les plus fréquentes sont faites à partir d'une pâte de blé (blé dur, blé tendre, sarrasin) ou de riz (blanc, gluant), mais il existe aussi des pâtes de patate douce, d'haricot mungo, de konjac... Les nouilles instantanées ont été inventées au Japon dans les années 1950.

Traditionnellement, les pâtes sont faites à partir d'une céréale, le blé dur, aussi appelé « blé barbu ». La farine obtenue est mélangée à de l'eau pour obtenir la pâte, qui est injectée dans une machine (la tréfileuse), qui va leur donner leur forme. Elles passent alors sur un tapis (*trabatto*) qui vibre et permet leur croûtage (séchage superficiel pour qu'elles conservent leur forme). Ensuite, ce sera le séchage, de plusieurs heures.

Chez un artisan, les moules utilisés sont plutôt en bronze, et les pâtes obtenues plus rugueuses. Elles accrocheront mieux la sauce.

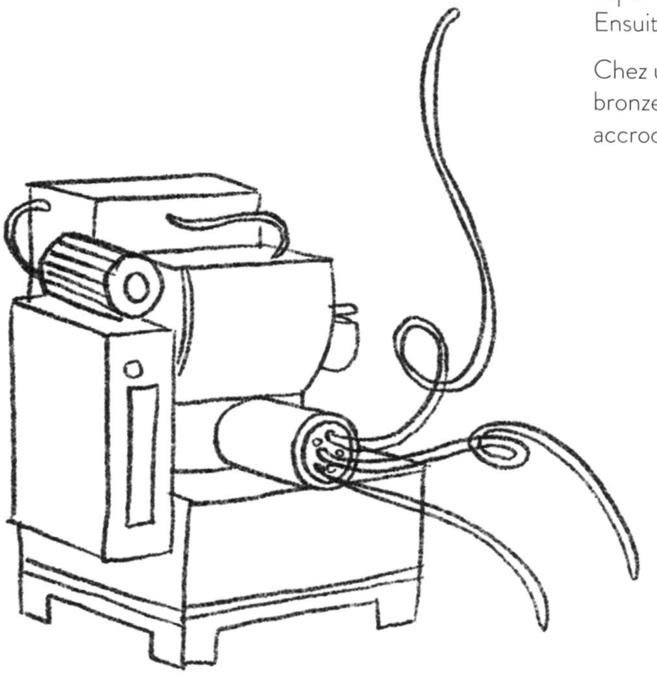

# CLASSIFICATION GÉANTE

# TYPOLOGIE DES PÂTES ET DES NOUILLES

## PÂTES

Le plus souvent, les pâtes sont à base de semoule ou de farine de blé dur, notamment dans le sud de l'Italie, car cette variété de blé résiste mieux à la sécheresse (cette céréale est utilisée aussi pour le boulgour). Les pâtes peuvent être semi-complètes ou complètes. Leur durée de cuisson sera alors allongée.

Parfois, les pâtes sont faites aux œufs (nord de l'Italie, Alsace). Dans ce cas, elles sont plutôt réalisées avec de la farine de blé tendre.

Farfalles

Fusilli

## NOUILLES

Les nouilles de blé sont des pâtes asiatiques à base de farine de blé (et non de semoule) et peuvent être aux œufs (ramen). On distingue les nouilles minces (somen) des nouilles épaisses (udon).

Certaines variétés sont naturellement sans gluten.

Les nouilles de riz sont de longues pâtes faites avec de la farine de riz. Elles sont de différentes largeurs, allant du vermicelle mince au large ruban.

Les nouilles de sarrasin sont les soba.

Les nouilles de soja (haricot mungo) ont une saveur et une texture proches des pâtes aux œufs, mais elles contiennent 3 fois plus de protéines, 6 fois plus de fibres et 60 % de glucides en moins.

Tortiglioni
Penne lisce
Penne rigate
Trofie
Coquillettes
Vermicelles
Farfallines
Langues d'oiseau / riso / orzo

Lasagnes
Bucatini
Spaghettis
Soba
Nouilles de riz
Nouilles aux œufs

## CÔTÉ NUTRITION

Contenant des glucides et du gluten, les pâtes sont montrées du doigt depuis quelques années. Sont-elles une bombe calorique ? Les pâtes, sans matière grasse, sont riches en glucides complexes. Leur index glycémique est donc en réalité plutôt bas comparé aux autres produits céréaliers.

C'est plutôt du côté de la sauce et de l'accompagnement qu'il faut chercher la mauvaise réputation diététique de cet aliment. Entre une sauce aux légumes et une base de béchamel enrichie de fromages variés, l'apport calorique sera très différent.

Toutes les pâtes ne se valent pas pour autant. Voici quelques conseils :

- Proscrire absolument les pâtes à cuisson rapide.
- Privilégier les pâtes complètes ou semi-complètes, qui vont apporter plus de fibres, de vitamines et minéraux.
- Opter pour les pâtes épaisses : les passages successifs dans le laminoir libèrent l'amidon de blé. Les pâtes fines se digèrent plus rapidement, mais leur index glycémique est plus élevé.
- Préférer la cuisson *al dente*, les pâtes ont alors un index glycémique moins élevé que celui des pâtes cuites à point.
- Faire cuire les pâtes la veille et les réchauffer (ou les manger froides) pour un impact glycémique encore plus bas. Les pâtes cuites, puis refroidies voient une partie de leurs glucides se transformer en amidon résistant.

*Quid* des pâtes vertes ou orange ? Il faut bien vérifier leur teneur en légumes. Le plus souvent, il s'agit en réalité de pâtes raffinées teintées avec de la poudre de légumes (2 à 3 % du produit total). D'un point de vue nutritionnel, elles sont donc très semblables aux pâtes classiques.

Question quantité, on compte généralement 100 à 125 g de pâtes sèches crues par personne, mais tout dépend de la recette : est-ce qu'il y aura beaucoup de légumes, de la garniture ? Et bien évidemment, un adolescent en pleine croissance ou une personne pratiquant une activité sportive intense pourra monter à 250 ou 300 g.

On peut aussi noter que 100 g de pâtes sèches crues correspondent à environ 250 à 300 g de pâtes cuites.

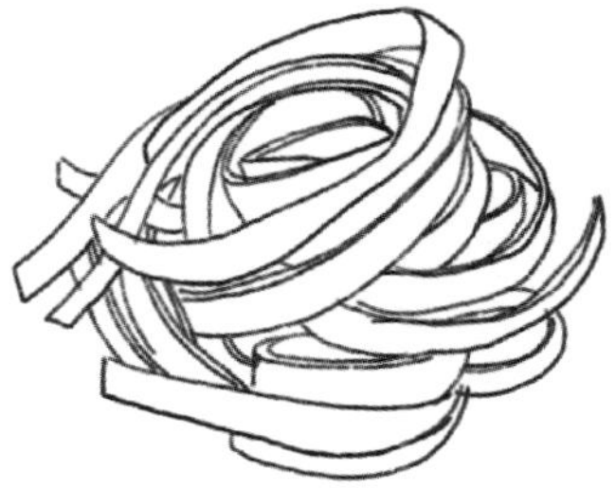

Tagliatelles

# SAUCES ET TOPPINGS

## QUELLE SAUCE POUR QUELLES PÂTES ?

Les pâtes fines et longues se marient avec les sauces plutôt liquides (spaghettis, linguine, capellini...). Les pâtes longues mais un peu plus larges (tagliatelles, pappardelles) supportent des sauces un peu plus épaisses et des garnitures avec des morceaux.

Les pâtes creuses se plaisent avec des sauces avec des morceaux de légumes ou de viande (pipe rigate, conchigliete) et se prêtent aussi aux gratins (macaronis).

Les pâtes torsadées sont parfaites avec un pesto.

## FOCUS SAUCE TOMATE : BOCAUX MAISON EN SAISON

Il existe une multitude de sauces tomate, plus ou moins lisses, épaisses, piquantes... Le dénominateur commun pour les réussir est la matière première. En saison, les tomates fraîches, de plein champ, bien charnues et goûteuses, sont idéales. Les San Marzano sont les plus réputées, car elles contiennent peu d'eau et de graines. C'est une variété allongée, que l'on peut remplacer par de la Roma plus facile à trouver sur les étals ou la Cornue des Andes. La vraie cœur de bœuf est intéressante aussi.

Les tomates cerises sont une bonne alternative, notamment lorsqu'on a un potager et que les pieds donnent tous en même temps.

Pour que son coulis conserve une couleur bien rouge (et ne vire pas à l'orange), il est important de ne pas avoir de peau et de pépins. Si on ne dispose pas d'un moulin à tomate/passata, le plus simple est d'éplucher les tomates avant cuisson (surtout quand elles sont bien mûres, la peau part toute seule, sinon il est possible de les inciser en croix et de les plonger 1 ou 2 minutes dans une casserole d'eau bouillante), de retirer les pépins, et de placer les quartiers obtenus dans une passoire fine au-dessus d'un saladier (l'eau récupérée est très désaltérante).

## LA RECETTE

**Préparation : 30 min**
**Cuisson : 2 h**

2 kg de tomates bien mûres de plein champ (San Marzano ou Roma)

1 branche de thym

origan ou basilic

sel, poivre

Préchauffer le four à 180 °C. Peler les tomates. Les couper en quartier au-dessus d'une passoire placée elle-même sur un bol pour récupérer l'eau et retirer les pépins.

Mettre la chair des tomates sur la lèchefrite du four ou une plaque à rebords. Saler, ajouter le thym, l'origan ou le basilic et enfourner pour au moins 2 heures en remuant à 3 ou 4 reprises pour faire évaporer un maximum d'eau. Retirer les branches de thym. Sortir les légumes cuits avec une écumoire (pour ne pas prendre la fin du jus de cuisson) et les mettre dans le bol d'un mixeur. Mixer finement pour obtenir une purée.

Verser le coulis bouillant dans des pots à couvercle à vis (lavés/stérilisés), fermer immédiatement le couvercle. À consommer dans les 6 mois (on peut les stériliser pour augmenter la durée de conservation: placer dans une grande marmite en les recouvrant d'eau, porter à ébullition et laisser à petite ébullition pendant 40 minutes).

### Concentré de tomates

En poussant la cuisson (et donc la déshydratation) encore plus que les 2 heures de la recette de base, il sera possible d'obtenir une pâte de concentré de tomates (2 kilos de tomates donneront 2 petits pots de concentré) qu'il suffira de mettre en pots et de stériliser.

### Ketchup maison

Pour faire du ketchup, il suffit d'ajouter aux tomates en début de cuisson 1 pomme plutôt acidulée (épluchée et coupée en quartiers), 2 oignons ou échalotes (épluchés et coupés en deux) et 3 gousses d'ail (épluchées).

Après cuisson, mixer finement l'intégralité des légumes pour obtenir une purée.

Peser le coulis obtenu et le verser dans une grande casserole/cocotte. Pour 1 kg de coulis, ajouter 100 g de cassonade, 120 ml de vinaigre de cidre, et des épices au choix -paprika fumé ou non, gingembre, moutarde en poudre, piment (attention à ne pas avoir la main trop lourde, le mélange va réduire à la cuisson).

Porter à ébullition et cuire à frémissement pendant au moins 1 heure, jusqu'à obtenir la consistance souhaitée (plus ou moins liquide selon les goûts). Vérifier l'assaisonnement.

Verser le ketchup bouillant dans des pots à couvercle à vis (lavés/stérilisés), fermer immédiatement le couvercle. à consommer dans les 6 mois (on peut les stériliser pour augmenter la durée de conservation).

### Coulis de tomates tout simple

À utiliser immédiatement.

Plonger 1 kg de tomates 1 minute dans une grande casserole d'eau bouillante. Les égoutter, et enlever la peau. Les couper en deux, presser doucement pour faire sortir l'eau et les graines.

Couper la chair en morceaux.

Dans une sauteuse, faire chauffer 2 c. à soupe d'huile et mettre les cubes de tomates. Laisser mijoter à feu moyen une trentaine de minutes en remuant de temps en temps.

Passer au tamis, corriger l'acidité avec sel, sucre, poivre.

## LES PESTOS

Ce mélange d'herbes et d'oléagineux est traditionnellement réalisé au pilon et au mortier, même s'il faut avouer que le mixeur est une invention formidable et permet d'obtenir des pestos très satisfaisants à condition de doser la mouture pour conserver un peu de texture.

### Le classique

Écraser 1 bouquet de basilic frais, 100 g de pecorino romano ou de parmesan, 30 g de pignons de pin, 100 ml d'huile d'olive et du sel.

### Pesto de roquette

Écraser 125 g de roquette, 50 g de cerneaux de noix, 100 ml d'huile d'olive et du sel. On peut adoucir le piquant de ce pesto en ajoutant 50 g de chèvre frais.

### Pesto de fanes

Les fanes de carottes, de navets ou de betteraves font de parfaits pestos. Écraser 100 g de fanes, 1 gousse d'ail, 30 g de parmesan, 100 ml d'huile d'olive du sel et du poivre.

## PETITS PLUS ET IDÉES MALINES

C'est aussi ici qu'on utilisera des restes.

Du pain rassis permet de faire de la chapelure, qui se conserve très bien en boîte hermétique et peut ensuite être aromatisée avant utilisation.

Des herbes un peu défraîchies peuvent être mixées en pesto ou bien servir à aromatiser du beurre, que l'on peut congeler pour en avoir toujours d'avance.

Il est bien évidemment possible de préparer des beurres aromatisés au dernier moment en faisant simplement infuser les éléments dans du beurre mis à fondre dans une poêle, avant d'y faire revenir les pâtes.

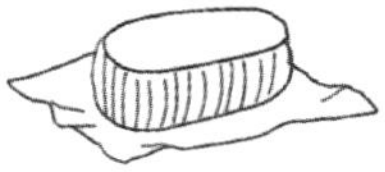

| TYPE | BEURRES AROMATISÉS | CHAPELURES AROMATISÉES | CRÈMES DE LÉGUMES |
|---|---|---|---|
| RECETTE DE BASE | **Beurre mou travaillé à la fourchette avec un autre élément pour l'aromatiser. Le beurre préparé peut être roulé en boudin avec un film et conservé quelques jours au réfrigérateur ou même congelé pour 2 mois.** | **Pain sec (idéalement au levain) mixé et mélangé avec un autre ingrédient (si celui-ci est sec, la chapelure peut être conservée dans un bocal hermétique).** | **Légumes mixés pour obtenir une texture lisse et crémeuse (même sans contenir de produit laitier).** |
| DÉCLINAISONS | 100 g de beurre et, au choix :<br>- 1 c. à soupe de zestes<br>- 2 c. à soupe d'herbes ciselées (sauge, estragon…)<br>- 1 pincée de piment fort ou de safran, ou 1 c. à café de paprika doux (fumé ou non)<br>- 2 c. à soupe de miso blanc | 100 g de pain sec et, au choix :<br>- 2 c. à soupe de zestes d'agrumes séchés à température ambiante ou à four doux<br>- 2 c. à soupe d'herbes ciselées<br>- 1 c. à café de paprika fumé, doux ou fort<br>- 2 ou 3 anchois égouttés et hachés (à utiliser immédiatement) | - Légumes rôtis : faire rôtir tomates cerises, feta et ail au four 30 min à 190 °C. Écraser ou mixer après avoir retiré les branches.<br>- Pesto rosso : 100 g de tomates séchées à l'huile (et l'huile du bocal), 30 g de parmesan, 20 g de pignons, 1 poignée de feuilles de basilic<br>- Ratatouille : mixer 200 g de ratatouille, rectifier l'assaisonnement |

# PÂTES FRAÎCHES

## PÂTES FRAÎCHES AUX ŒUFS, LA RECETTE

*On compte en général 1 œuf pour 100 g de farine.*
**750 g de pâtes fraîches**
**Entre 5 et 10 minutes de préparation**
**1 heure de repos**

500 g de farine de froment (T00 ou T45) ou un mélange de 400 g de farine et 100 g de semoule extrafine

5 œufs

½ c. à café de sel

2 c. à soupe d'huile d'olive

Verser la farine sur le plan de travail ou dans un grand saladier. Faire un puits et y casser les œufs. Ajouter le sel et l'huile d'olive.

Avec une cuillère en bois ou ses doigts, ramener la farine vers le centre et mélanger pour l'amalgamer progressivement et obtenir une pâte que l'on peut rouler en boule.

Aplatir la pâte sur le plan de travail fariné avec la paume de la main dans un mouvement du centre vers l'extérieur.

Replier la pâte en deux et recommencer jusqu'à ce qu'elle soit lisse et souple. Couvrir avec un linge et laisser reposer 1 heure.

### ASTUCE

*Quelques minutes de pétrissage suffiront pour une pâte qui sera abaissée au laminoir, alors que presque 10 minutes de pétrissage seront nécessaires pour étaler la pâte à la main.*

### NOTES

*Il est possible de colorer la pâte.*

*Traditionnellement, la pâte verte est obtenue avec des épinards cuits, essorés (pour évacuer au maximum l'eau), réduits en purée, tamisés, puis ajoutés à la pâte (250 g d'épinards pour 500 g de pâte).*

*La pâte rose s'obtient avec du jus de betterave (60 g de betterave mixée remplaceront 1 œuf), la pâte orangée avec du concentré de tomates (1 c. à café ajoutée), la pâte jaune avec du safran (infusé dans l'huile d'olive). On utilisera de l'encre de seiche pour la pâte noire.*

MODEL 150 mm - DELUXE
MADE IN ITALY

## LAMINAGE

Une fois le temps de repos passé, couper la boule de pâte en quatre (1) et les étaler une par une sur le plan de travail saupoudré de semoule fine (2). Conserver les parts dans du film alimentaire pour éviter qu'elles sèchent.

Le mieux est de former un rectangle d'environ 10 cm sur 20, que l'on pourra ensuite passer dans le laminoir.

Il ne faut pas hésiter à couper un côté trop arrondi pour obtenir un bord droit. Si la forme de base est trop arrondie, il sera en effet très compliqué d'obtenir une bande de pâte régulière au laminoir.

Une fois le premier rectangle obtenu, le saupoudrer d'un peu de semoule fine avant de le passer une première fois au laminoir, cran le plus large.

Ensuite, le passer successivement en resserrant l'écartement jusqu'à obtenir l'épaisseur souhaitée (3).

Le rectangle obtenu aura donc la largeur du laminoir et une longueur plus ou moins importante selon l'épaisseur souhaitée et la taille/poids de départ de la pâte.

Pour éviter que la pâte ne colle, il ne faut pas hésiter à la fariner régulièrement avec de la semoule fine.

### ASTUCE

*Pour obtenir des inclusions d'herbes, il suffit de parsemer des herbes ciselées sur la moitié de la pâte à l'épaisseur désirée, de replier celle-ci sur elle-même (les herbes seront donc entre deux épaisseurs de pâte), puis de passer une dernière fois au laminoir.*

## DÉCOUPE

Certains laminoirs possèdent un accessoire permettant de repasser la pâte et de couper directement en spaghettis ou tagliatelles. Les Italiens utilisent une *chiatarra* (ustensile avec des cordes tendues sur un coffre, sur laquelle on pose les feuilles de pâte que l'on va presser avec un rouleau pour obtenir les bandes).

Il est aussi possible de le faire avec une roulette (4) ou même un couteau (5). Le plus simple alors est de rouler (après avoir fariné avec de la semoule) les bandes sans trop les serrer, et de couper en leur donnant la largeur désirée.

1

2

3

4

5

## CONFECTIONNER DES RAVIOLIS

Il est assez facile de faire soi-même des raviolis à partir de pâtes fraîches maison.

Une fois la pâte étalée, plusieurs options s'offrent à vous, selon le matériel dont vous disposez.

**Avec des moules à raviolis**, il suffit d'étaler une première bande de pâte puis de mettre des cuillerées de garniture dans les emplacements.

Puis humidifier le pourtour de la pâte avec de l'eau ou de l'œuf battu, recouvrir d'une seconde bande et presser à l'aide d'un rouleau. Les raviolis se découperont automatiquement.

**Sans cet ustensile**, il faut espacer régulièrement des petits tas de garniture, humidifier autour, recouvrir d'une seconde bande de pâte et presser avec les doigts pour bien faire adhérer.

Ensuite, il faut découper au couteau, à la roulette ou à l'emporte-pièce en laissant quelques centimètres libres avec simplement de la pâte pour éviter que les raviolis n'explosent à la cuisson.

## LE SÉCHAGE

Pas question ici de séchage pendant des heures au soleil ou au four, l'opération a pour but d'éviter aux pâtes de coller à la cuisson et qu'elles conservent leur forme et leur texture. Le séchage des pâtes fraîches a donc lieu juste avant la cuisson. Il faut compter 30 minutes. Commencez par fariner les pâtes fraîches, idéalement avec de la semoule extrafine.

**Méthode 1**

Étendez les pâtes sur un séchoir à pâtes en les laissant pendre de part et d'autre des tiges (à défaut, vous pouvez utiliser un manche à balai posé sur 2 chaises).

**Méthode 2**

Roulez les tagliatelles par petits paquets en nids et disposez-les côte à côte sur un linge pour les faire sécher.

# RÉCHAUFFAGE ET CONSERVATION

## RÉCHAUFFER DES PÂTES CUITES

Vapeur, micro-ondes, four classique, poêle ou cocotte ? Quelle est la meilleure méthode pour réchauffer des pâtes ?

Si on fait cuire des pâtes à l'avance en sachant qu'on ne veut pas les manger tout de suite, le mieux est de les verser dans une passoire et de les rincer immédiatement sous l'eau fraîche en mélangeant avec ses mains pour retirer un maximum d'amidon. Elles colleront moins en refroidissant et seront plus faciles à réchauffer.

### À la vapeur ou à l'eau bouillante

Les pâtes cuites sans sauce pourront être réchauffées à la vapeur ou plongées dans de l'eau bouillante pendant 2 minutes. Elles conserveront alors leur fondant, mais perdront la texture *al dente*.

### À la poêle

En les réchauffant à la poêle avec un peu de beurre, elles deviendront croustillantes. On peut aussi opter pour des nouilles sautées dans un wok avec de l'huile de sésame, des condiments (ail, gingembre, oignon) et des légumes.

### Au four

L'idéal, si on veut conserver une texture fondante est de confectionner un gratin, avec de la béchamel ou du fromage râpé.

### Au micro-ondes

Les pâtes cuites en sauce se réchauffent assez bien au micro-ondes à puissance 500 ou 750 W maximum, sous réserve qu'il y ait assez de liquide. Il ne faut pas hésiter à ajouter 1 ou 2 c. à soupe d'eau.

### En cocotte

C'est la même chose en cocotte : il est conseillé de d'abord faire chauffer 2 ou 3 c. à soupe d'eau avant d'y verser les pâtes et leur sauce. On fait surtout cuire à feu vif, pour éviter de relancer une cuisson. Il faut réchauffer, pas cuire !

## LA CONSERVATION

Les pâtes fraîches se conservent 2 jours au réfrigérateur (1 jour si elles sont aux œufs). Il est aussi possible de les faire sécher 1 heure à l'air libre, légèrement saupoudrées de farine, avant de les congeler (elles se conservent ainsi 3 mois). Le mieux est alors de les rouler en nid.

Les pâtes cuites se conservent 3 à 5 jours dans une boîte hermétique, au réfrigérateur, et peuvent aussi se congeler. Idéalement avec de la sauce, ce qui facilitera la décongélation et le réchauffage. Les lasagnes se prêtent par exemple très bien à la congélation.

# LE SAV DES PÂTES RATÉES

**Mes pâtes sont collantes.**

On dit qu'il faut cuire les pâtes dans un grand volume d'eau. La règle communément admise est 1 l d'eau pour 100 g de pâtes sèches (ce qui est parfait pour la cuisson, moins pour la liaison de la sauce). Mais il faut aussi et surtout une casserole suffisamment grande et bien mélanger en début de cuisson (jusqu'à la reprise d'une franche ébullition). Sinon, le risque est grand d'avoir un paquet de pâtes qui resteront collées et ne seront pas cuites.

**Mes feuilles de lasagnes ou les pâtes de mon gratin ne sont pas cuites.**

Il faut faire attention à ce que même les feuilles du dessus soient immergées dans un peu de liquide ou de sauce. Si la garniture est trop sèche, il peut être utile de précuire les pâtes ou d'en utiliser des fraîches.

**L'eau mousse et déborde.**

Qui ne s'est jamais retrouvé avec une casserole qui déborde ? En cuisant, les pâtes lâchent de l'amidon, qui remonte à la surface de l'eau. Si rien ne les empêche de se coller entre elles, les particules d'amidon bloquent les bulles d'air qui sont en train de remonter en formant une sorte de couvercle. Pour peu que le feu soit assez vif, c'est le débordement assuré avec une mousse poisseuse.

La solution ? Faire cuire les pâtes dans une casserole suffisamment grande et remuer régulièrement pour éviter la formation de ce « couvercle » d'amidon. Un truc de grand-mère : mettre une cuillère en bois dans la casserole (son manche reposant sur le bord) fonctionne aussi assez bien.

**La sauce n'accroche pas.**

Plus la surface de la pâte est lisse, moins la sauce accroche, d'où l'intérêt de choisir (quand on a le budget) des pâtes artisanales, qui auront une surface plus irrégulière. Ensuite, on pense à conserver une louche d'eau de cuisson (qui sera riche en amidon, surtout si on a réduit un peu le volume d'eau, 70 cl pour 100 g de pâtes) afin de lier la sauce et l'épaissir. Enfin, on adapte la forme des pâtes au type de sauce (voir pages 16 à 19).

# LES PÂTES EN SAUCE

Ces pâtes « subissent » une double cuisson pour être parfaitement enrobées de sauce. Il est donc important de les cuire *al dente* (voire 1 ou 2 minutes de moins) puisque, une fois égouttées, elles termineront leur cuisson dans une poêle avec de la sauce. Pour un résultat parfait, utilisez un peu d'eau de cuisson des pâtes, riche en amidon, pour lier la sauce. C'est ce que les Italiens appellent *mantecare* ou *mantecatura*.

# LES VRAIES **CARBONARA**

*Attention, ici, point de crème fraîche ou de lardons sous vide. La « vraie » carbonara tient son côté crémeux des jaunes d'œufs, du fromage (idéalement du pecorino romano, à défaut du parmesan) et du gras apporté par la charcuterie. Généralement, on utilise de la joue de porc séchée et non fumée, appelée* guanciale*. Comme elle est encore un peu difficile à trouver en France, sauf à avoir un traiteur italien à proximité, on peut prendre de la pancetta.*

500 g de spaghettis
120 g de *guanciale*
120 g de pecorino romano râpé
5 jaunes d'œufs
1 c. à café bombée de poivre noir fraîchement moulu
gros sel

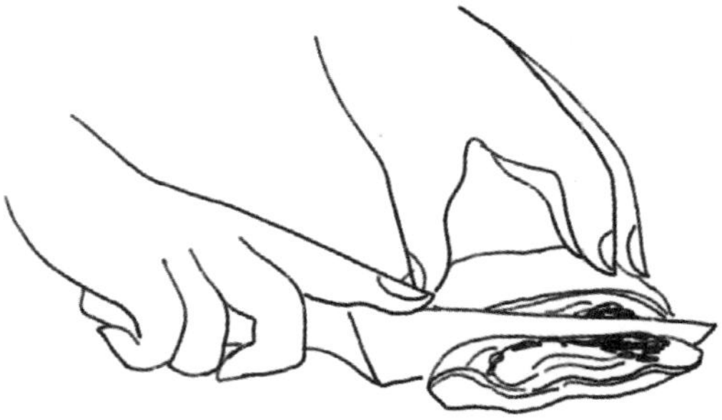

Faire chauffer entre 4 et 5 l d'eau avec 1 pincée de gros sel (pas la peine de trop saler, la charcuterie et le fromage le sont déjà).

Pendant ce temps, couper le *guanciale* en lardons et les faire revenir dans une poêle en remuant régulièrement. Le gras va devenir translucide et les lardons commencer à croustiller.

Quand l'eau bout, mettre les pâtes à cuire 1 ou 2 minutes de moins que le temps indiqué sur le paquet. Pendant ce temps, mélanger le fromage et les jaunes d'œufs dans un petit bol pour obtenir une pâte. Poivrer.

Vider le gras de cuisson du *guanciale*. Récupérer une louche d'eau de cuisson des pâtes et la verser sur le mélange fromage/œuf.

Verser les pâtes égouttées dans la poêle avec le *guanciale*, ajouter la sauce et bien mélanger pour en enrober les pâtes.

**4 personnes**
**10 minutes de préparation**
**20 minutes de cuisson**

# PÂTES
# À LA CRÈME DE COURGE

*Les potirons, potimarrons, butternuts et autres courges d'automne ou d'hiver sont absolument parfaits pour réaliser des pâtes réconfortantes enrobées d'une onctueuse crème de légumes. Cette préparation se prête particulièrement bien aux pâtes longues. Pour une version non végétale, il est possible d'ajouter un peu de charcuterie (lardons, chorizo).*

500 g de linguine ou de tagliatelles
500 g de courge
1 c. à soupe d'huile d'olive
3 gousses d'ail
25 cl de crème liquide entière
pecorino ou parmesan râpé
quelques feuilles de basilic
sel, poivre

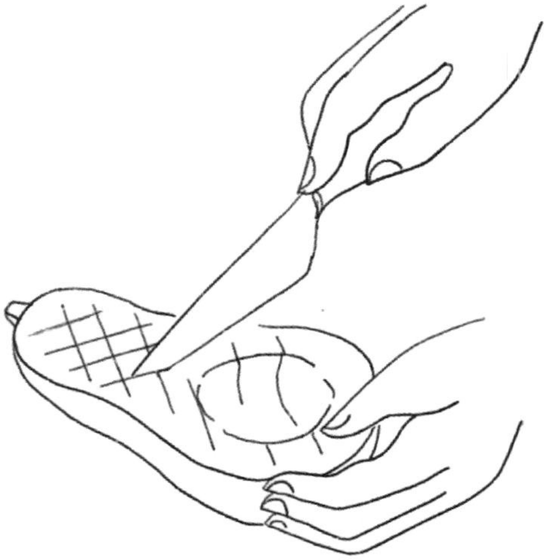

**4 personnes**
**Préparation 10 minutes**
**Cuisson 30 minutes**

Préchauffer le four à 180 °C. Si la courge est entière (potimarron, butternut), la couper en deux et retirer les graines. Inciser la chair en croisillons avec un couteau pointu. La placer dans un plat ou sur une plaque. Arroser d'huile d'olive, mettre les gousses d'ail épluchées dans la cavité où se trouvaient les graines. Saler, poivrer et enfourner pour 30 minutes. S'il s'agit d'un morceau de courge (potiron, courge musquée...), le couper en tranches ou en tronçons, les mettre sur une plaque avec les gousses d'ail, arroser d'huile et enfourner pour 20 minutes.

Au bout de 20 minutes de cuisson de la courge, mettre à chauffer une grande quantité d'eau salée dans un faitout ou une grande casserole.

Mettre les pâtes à cuire.

Sortir la courge du four, récupérer la chair (en raclant la peau) et l'ail, les mettre dans le bol d'un mixeur avec la crème et mixer. Vérifier l'assaisonnement.

Récupérer une petite louche d'eau de cuisson des pâtes et la verser dans la crème de courge. Égoutter les pâtes. Verser la crème de courge dans le faitout ou la casserole et remettre les pâtes égouttées. Bien mélanger.

Servir immédiatement en saupoudrant de fromage râpé et en parsemant de feuilles de basilic ciselées.

# RIGATONI
# À LA BURRATA ET OLIVES TAGGIASCHE

*de Benjamin Delage*

*Ce plat très simple, mais devenu un incontournable depuis 2015 à La Cave se rebiffe (Dijon), a été découvert par sérendipité. Un soir d'abreuvement excessif dans l'exercice de sa profession, alors que la faim le taraudait, Benjamin fit l'expérience en fin de service de mélanger des pâtes, des restes de parmesan et de burrata. Cette esquisse révéla déjà des saveurs umami adoucies par les notes lactées de la burrata. La version définitive vit le jour quelques semaines plus tard. Seul point délicat : moins il y a d'ingrédients dans une recette, moins on peut transiger avec leur qualité, donc n'hésitez pas !*

500 g de rigatoni artisanales (par exemple Faella, Setaro ou, éventuellement, Rummo)

80 g de parmesan 24 mois ou de grana padano

300 g de *burrata di buffala* bien crémeuse ou 200 g de *stracciatella di bufala*

quelques olives taggiasche ou olives de Nice

jus de viande ou bonne sauce soja pour la version veggie

huile d'olive bio de grande qualité

sel, poivre

**4 personnes**
**10 minutes de préparation**
**13 à 15 minutes de cuisson selon les pâtes**

Mettre à cuire les pâtes dans 5 l d'eau frémissante salée avec 35 g de sel pendant 13 minutes et 30 secondes (pour la marque Faella). Vérifier la cuisson.

Les égoutter, puis les faire revenir rapidement avec un trait de jus de viande ou de sauce soja. Ajouter un trait d'huile d'olive et mélanger.

Répartir les pâtes dans 4 assiettes creuses, râper le parmesan et poser un quart de la burrata dessus. Déposer quelques olives taggiasche et terminer par un trait d'huile et un tour de moulin à poivre.

## NOTE

*Le chef recommande d'utiliser un poivre Voatsiperifery et une huile d'olive de grande qualité, des Pouilles ou du sud de la France.*

# SPAGHETTIS **LANGOUSTINES ET BISQUE**

*Cette recette est parfaite pour celles et ceux qui apprécient les saveurs marines, puisque la sauce qui accompagne les pâtes est réalisée avec les carapaces des langoustines. Pour une version de chef, rendez-vous page 74 avec les spaghettis au homard d'Adrien Ferrand.*

500 g de spaghettis
8 langoustines (aussi bien crues que cuites)
2 c. à soupe d'huile d'olive
1 gousse d'ail
1 c. à soupe de concentré de tomates
1 pincée de piment
½ c. à café de paprika fumé
persil
gros sel, sel, poivre

**4 personnes**
**30 minutes de préparation**
**30 minutes de cuisson**

Décortiquer les langoustines et réserver les queues.

Faire chauffer l'huile d'olive avec l'ail émincé et le concentré de tomates dans une sauteuse ou une cocotte. Ajouter les têtes et les carapaces, les écraser pour extraire au maximum le jus et faire revenir à feu moyen-fort pendant 5 minutes. Recouvrir avec de l'eau (en dépassant de 1 cm) et laisser cuire 20 minutes.

Au bout de 10 minutes, faire chauffer 5 l d'eau avec 1 c. à soupe de gros sel dans une grande casserole ou un faitout et faire cuire les spaghettis 2 minutes de moins que le temps indiqué sur le paquet.

Verser le contenu de la sauteuse ou de la cocotte dans une passoire fine ou un chinois en pressant pour récupérer un maximum de sauce (bisque). Nettoyer la sauteuse ou la cocotte et verser la bisque dedans, puis ajouter les queues de langoustines. Assaisonner avec le piment, le paprika et éventuellement du sel et du poivre.

Prélever une louche d'eau de cuisson des pâtes et l'ajouter à la bisque et aux langoustines. Égoutter les pâtes et les ajouter aux langoustines. Bien mélanger et laisser réduire 2 minutes. Parsemer de persil ciselé et servir immédiatement.

# PÂTES
# **À RIEN (OU AU BEURRE À TOUT)**

*Mes enfants en ont parfois assez de mes créations et essais culinaires, et réclament alors des pâtes… à rien. La qualité des pâtes et leur cuisson sont primordiales ici, puisque rien (ou presque) ne viendra cacher une défaillance. Et le rien est en réalité une matière grasse (le beurre, que l'on peut aussi remplacer par une bonne huile d'olive), que l'on peut aromatiser avec du citron, une herbe comme la sauge, de l'ail…*

500 à 700 g de pâtes selon l'appétit (ici, des spaghettis)

50 g de beurre

En option : jus et zeste de citron, herbes (sauge notamment) ou une belle c. à soupe d'huile d'olive fruitée par assiette

gros sel, poivre

Faire chauffer 5 l d'eau dans une grande casserole avec 40 g de gros sel. Lorsque l'eau bout, ajouter les pâtes et mélanger jusqu'à la reprise de l'ébullition. Faire cuire 1 minute de moins que le temps indiqué sur le paquet.

Dans une poêle, faire fondre le beurre. C'est le moment d'ajouter soit du jus et du zeste de citron, soit une herbe pour qu'elle infuse, soit de l'ail. Ajouter une louche d'eau de cuisson des pâtes.

Égoutter les pâtes, les verser dans la poêle et mélanger pour bien les enrober. Un tour de moulin à poivre et servir aussitôt !

Pour la version « rien » authentique, égoutter les pâtes, les mettre dans une assiette creuse, arroser avec 1 cuillerée à soupe d'huile d'olive et ajouter un tour de moulin à poivre.

**4 personnes**
**5 minutes de préparation**
**10 minutes de cuisson**

# PENNE
# À LA CRÈME DE CHAMPIGNONS

*Des pâtes à la « crème » de champignons, et non aux champignons à la crème. L'idée est en effet de mixer les champignons pour obtenir une sauce, sans ajouter de crème. Par goût personnel, je préfère une texture avec encore quelques morceaux, mais il est possible de mixer très lisse. En ajoutant quelques lamelles de champignons crus, on obtient un plat particulièrement gourmand et festif.*

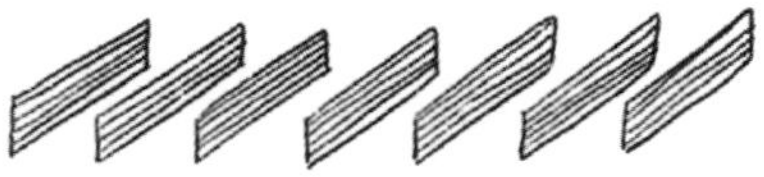

500 g de penne
400 g de champignons de Paris blancs ou bruns
1 c. à soupe d'huile d'olive
2 gousses d'ail
ciboulette
sel

Dans une sauteuse ou une casserole, faire chauffer l'huile d'olive et y mettre à revenir l'ail épluché et pressé.

Pendant ce temps, couper l'extrémité terreuse des pieds des champignons. Séparer les pieds des chapeaux et hacher tous les pieds. Les mettre avec l'ail et mélanger. Réserver 2 ou 3 chapeaux et hacher grossièrement le reste, les ajouter, saler et mélanger. Couvrir et laisser cuire environ 15 minutes. Couper en lamelles les chapeaux réservés.

Dans une cocotte ou une grande casserole, faire chauffer 4 l d'eau salée. Faire cuire les penne 1 minute de moins que le temps indiqué sur le paquet. Prélever une louche d'eau de cuisson des pâtes en fin de cuisson.

Réserver 2 c. à soupe de champignons cuits et mixer le reste avec la louche d'eau de cuisson. Remettre dans la casserole et ajouter les pâtes ainsi que les champignons cuits mis de côté. Bien mélanger.

Servir en ajoutant au dernier moment les lamelles de champignons crus et parsemer de ciboulette.

**4 personnes**
**10 minutes de préparation**
**30 minutes de cuisson**

# CACIO **E PEPE**

## *de Léa et Laurent de la Laiterie Moderne*

*Léa et Laurent ont ouvert il y a quelques mois une Laiterie à Clamart, où j'ai rapidement pris mes habitudes. Ils produisent sur place des fromages locaux, comme le pavé de Paris, qui se prête particulièrement bien aux recettes avec des pâtes, du fait de son goût légèrement relevé qui n'est pas sans rappeler celui du pecorino. Voici leur version des cacio e pepe, enrobées juste ce qu'il faut de cette fameuse sauce au fromage et au poivre.*

400 g de pâtes type spaghettis
140 g de pavé de Paris ou de pecorino romano
15 g de poivre noir (1 c. à soupe bombée)

Faire cuire les pâtes *al dente*. Avant de les égoutter, réserver 4 louches d'eau de cuisson (1 par personne). Égoutter les pâtes, puis réserver.

Dans une grande sauteuse à feu doux, verser la moitié de l'eau et la moitié du pavé de Paris finement râpé ainsi que la moitié du poivre. Avec un fouet, bien mélanger jusqu'à obtenir une texture crémeuse. Ajouter du pavé et de l'eau progressivement tout en continuant à fouetter. À l'obtention d'une crème, jeter les pâtes encore fumantes et les enrober du mélange.

Saupoudrer avec le reste de poivre et servir immédiatement.

**3 ou 4 personnes**
**10 minutes de préparation**
**10 minutes de cuisson**

# TROFIE **AU PESTO DE CHOU KALE**

*Le pesto de chou kale (ou de chou Daubenton) est une bonne manière de cuisiner ce légume assez spécial et de changer du pesto classique au basilic. C'est une parfaite version hivernale de pâtes ! Certaines recettes mixent le chou à cru, je préfère le précuire à la vapeur ou à l'eau afin de casser un peu les fibres et le rendre plus digeste. Cela permet aussi d'atténuer son goût qui est assez fort. Il est possible de varier les oléagineux en utilisant des noix ou des noisettes à la place de la purée d'amande.*

450 g de trofie (pâte courte torsadée)

100 g de feuilles de chou kale (côte centrale retirée, soit 3 ou 4 belles branches)

1 c. à soupe bombée de purée d'amande

2 c. à soupe d'huile d'olive

50 g de parmesan

gros sel, poivre

Faire chauffer une grande casserole d'eau avec 1 c. à soupe de gros sel et faire blanchir le chou kale à petite ébullition 5 minutes. Égoutter les feuilles et les mettre dans le bol d'un mixeur avec la purée d'amande et l'huile d'olive.

Pendant ce temps, faire chauffer 4 l d'eau avec 1 c. à soupe de gros sel. Faire cuire les pâtes 1 minute de moins que le temps indiqué sur le paquet. Réserver 2 ou 3 louches d'eau de cuisson et égoutter les pâtes.

Détendre le pesto en ajoutant de l'eau de cuisson tout en mixant jusqu'à obtenir la texture souhaitée. Verser la moitié du pesto dans la casserole, ajouter les pâtes et bien mélanger pour les enrober. Poivrer.

Servir et ajouter encore du pesto à volonté.

**4 personnes**
**10 minutes de préparation**
**20 minutes de cuisson**

# PASTA
# ALL'ARRABBIATA

*de Céline Maguet*

*Ce grand classique de la cuisine romaine tient son nom du verbe arrabbiare qui signifie « mettre en colère ». C'est pourtant l'inverse que nous promet Céline : avec la sauce tomate enrobante et le piquant du piment, les* pasta all'arrabbiata *réconfortent et semblent guérir tous les maux, du coup de blues au coup de froid. Céline les prépare aussi bien quand ça va que quand ça ne va pas. C'est LE basique de sa cuisine.*

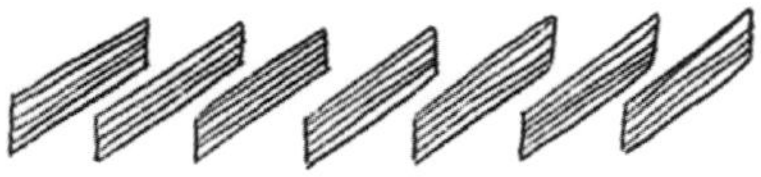

500 g de penne rigate ou de rigatoni
2 gousses d'ail
3 c. à soupe d'huile d'olive
1 tige de basilic en saison
2 boîtes de tomates pelées
1 ou 2 piments secs, piments oiseau ou sucettes de Provence (selon son amour du piment)
gros sel, sel

Peler les gousses d'ail et les écraser avec le plat du couteau. Dans une casserole, verser l'huile d'olive, ajouter les gousses d'ail et la tige de basilic. Laisser infuser l'huile à feu moyen, sans faire colorer l'ail, pendant 5 minutes.

Ajouter les tomates pelées et les piments dans la casserole et écraser à la fourchette (ici j'ai simplement écrasé pour faire sortir le jus des tomates, mais vous pouvez aller jusqu'à obtenir une texture de purée comme le préconise Céline). Saler. Laisser réduire pendant 10 minutes. Si la sauce est très humide, retirer le couvercle afin que l'eau s'évapore et que la sauce se concentre, sinon la couvrir. Mélanger régulièrement.

Pendant ce temps, mettre à chauffer une grande casserole d'eau. Quand l'eau bout, ajouter 1 grosse poignée de gros sel, puis ajouter les pâtes. Vérifier le temps de cuisson sur le paquet et retirer 2 minutes. Quelques minutes avant la fin de la cuisson, prélever un peu d'eau de cuisson des pâtes avec une tasse.

Quand les pâtes sont cuites, les ajouter à la sauce. Si la sauce est un peu sèche, ajouter un peu d'eau de cuisson. Laisser mijoter à feu fort pendant 1 ou 2 minutes. Goûter et rectifier l'assaisonnement si besoin. Servir avec ou sans parmesan.

**4 personnes**
**5 minutes de préparation**
**15 minutes de cuisson**

# SOBA **CRÉMEUSES AU TOFU ET CHAMPIGNONS**

*Ce pur régal végétarien, simple et rapide à réaliser, regorge de saveurs. En plus, il est naturellement sans gluten avec des nouilles 100 % sarrasin. Je préfère pour cette recette le tofu amande-sésame avec son goût légèrement toasté/fumé et sa texture qui le rend très facile à couper tout en se tenant bien. Il est bien sûr possible d'utiliser un tofu classique en le faisant griller à la poêle avec un peu de matière grasse avant.*

300 g de nouilles soba

250 g de champignons (idéalement des enokis ou des pleurotes, mais les champignons de Paris font aussi très bien l'affaire)

400 g de tofu fumé amande-sésame

2 c. à soupe de miso clair

2 c. à soupe de tahini (purée de sésame)

2 c. à soupe de sauce soja

1 oignon vert ou 1 cébette

huile d'olive

**4 personnes**
**10 minutes de préparation**
**15 minutes de cuisson**

Dans une cocotte, faire chauffer un peu d'huile d'olive. Ajouter les champignons : s'il s'agit d'enokis, les séparer simplement ; pour des pleurotes, effilocher les lamelles ; pour des champignons de Paris, ôter la terre du pied et les couper (chapeau et pied attachés) en 4 dans la hauteur. Laisser cuire 5 minutes à feu moyen-vif.

Pendant ce temps, faire bouillir une grande casserole d'eau et y cuire les soba le temps indiqué sur le paquet.
Les égoutter en réservant 2 louches d'eau de cuisson.

Éponger le tofu et le couper en cubes ou triangles. L'ajouter aux champignons et poursuivre la cuisson 2 ou 3 minutes.
Émincer la cébette.

Dans la cocotte, ajouter le miso, le tahini et la sauce soja aux champignons. Bien mélanger. Arroser avec 1 louche d'eau de cuisson. Bien mélanger. Ajouter les soba, mélanger. Utiliser encore un peu d'eau si besoin pour détendre la sauce. Servir avec la cébette.

# PÂTES CRÈME DE THON **ET POIVRON ROUGE**

*Un plat réconfortant, gourmand, qui sent le soleil. Il est même possible de le faire intégralement avec des produits du placard en utilisant des poivrons en bocal bien égouttés. Ma fille m'a quand même dit que c'était gâcher du poivron que d'ajouter du thon. À vous de voir !*

500 g de fusilli
1 boîte de miettes de thon
1 poivron rouge
1 oignon
2 c. à soupe d'huile d'olive
2 c. à soupe bombées de mascarpone
persil plat
sel, poivre

Préchauffer le four à 200 °C. Dans un plat ou une poêle qui va au four, mettre le poivron coupé en quatre et épépiné, l'oignon épluché et coupé en deux. Arroser d'huile d'olive et enfourner pour 20 minutes. À la sortie du four, envelopper le poivron dans du film alimentaire ou un sac congélation. Laisser 5 minutes. La peau se retirera beaucoup plus facilement.

Pendant ce temps, faire cuire les pâtes 2 minutes de moins que le temps indiqué sur le paquet dans une grande casserole d'eau bouillante salée. Prélever 2 louches d'eau de cuisson avant d'égoutter.

Dans le bol d'un mixeur, mettre le thon et le mascarpone. Ajouter l'oignon et le poivron épluché. Mixer. Verser dans une poêle ou une sauteuse avec l'eau de cuisson. Bien mélanger.

Ajouter les pâtes, les enrober et terminer la cuisson. Parsemer d'un peu de persil et poivrer.

**4 personnes**
**15 minutes de préparation**
**30 minutes de cuisson**

# LES PÂTES AVEC GARNITURE

Ici, pas de double cuisson, mais des pâtes cuites *al dente* ou à point selon les goûts, et qui vont être mélangées avec une garniture qui aura cuit à part et qui comprend souvent des morceaux assez importants.

# SPAGHETTIS AUX BOULETTES **À LA SAUCE TOMATE**

*Le cliché de* La Belle et le Clochard, *et des films italiens. La recette familiale par excellence, chacun y allant de sa variante de boulettes ou de sauce. Le paradoxe est que les boulettes vont en réalité assez mal avec les spaghettis, rendant la dégustation périlleuse et le risque de se tacher important. Vous pouvez essayer de contrer ça en réalisant des boulettes de toute petite taille, mais ici, j'ai donné ma version familiale classique, celle que j'ai dégustée tous les mercredis midi chez mes grands-parents pendant une vingtaine d'années.*

500 g de spaghettis
450 g de bœuf haché
250 g de veau haché
3 branches de persil
2 branches d'estragon
½ c. à café de gingembre en poudre
1 œuf
2 tranches de pain de mie trempées dans du lait ou du bouillon
farine, huile d'olive
sel, poivre

**Pour la sauce**
400 g de concentré de tomates
2 oignons
1 c. à café de moutarde
huile d'olive
persil

**4 personnes**
**15 minutes de préparation**
**45 minutes de cuisson**

Mélanger les viandes dans un saladier. Ajouter les herbes effeuillées et ciselées, le gingembre, saler et poivrer. Ajouter l'œuf et mélanger. Essorer la mie de pain trempée, puis l'incorporer au mélange. Former environ 15 belles boulettes de la taille d'une clémentine et les rouler dans un peu de farine.

Préparer la sauce. Dans une cocotte avec un filet d'huile d'olive, faire revenir et blondir les oignons émincés. Dans une casserole, délayer le concentré de tomates avec une fois et demie son volume d'eau, ajouter la moutarde et les oignons revenus. Saler, poivrer, bien remuer et laisser mijoter à feu doux.

Faire cuire les boulettes dans la cocotte avec un peu d'huile, en les faisant bien dorer de chaque côté. Au bout de 15 minutes, verser la sauce tomate par-dessus. Couvrir et faire cuire encore 30 minutes à feu doux.

Pendant ce temps, faire chauffer une grande casserole d'eau salée. Faire cuire les spaghettis le temps indiqué sur le paquet. Les égoutter et verser immédiatement dans des assiettes creuses.

Recouvrir avec des boulettes et de la sauce tomate. Parsemer de persil ciselé.

# PÂTES
# À LA SAUCE

*de Charlotte Hanouna*

*Recette emblématique en Tunisie, à tel point qu'il n'est pas besoin de préciser à quoi est la sauce. Charlotte, une amie fromagère, a rameuté toute la mif (la famille) pour cette recette, de tata Jacqueline aux cousins en passant par Jeannine et le papa. Tout le monde y est allé de son souvenir, de sa variante, de sa petite touche personnelle. Une constante pour ces pâtes à la sauce : concentré de tomates, ail et harissa au menu !*

500 g de spaghettis
4 merguez
3 ou 4 c. à soupe d'huile d'olive
2 ou 3 gousses d'ail
1 grande boîte de concentré de tomates
1 petite boîte de pulpe fine de tomates
1 pincée de sucre
1 c. à café de harissa (ou 1 c. à soupe quand on aime le très piquant)

Dans une sauteuse ou une cocotte, faire chauffer l'huile d'olive avec les gousses d'ail pressées. Ajouter le concentré et la pulpe de tomates, puis le contenu de la boîte de concentré en eau, ainsi que le sucre et la harissa. Laisser mijoter pendant 1 heure à feu doux et vérifier l'assaisonnement.

Pendant ce temps, faire cuire les merguez à la poêle ou au gril.

Faire chauffer une grande casserole d'eau et y faire cuire les spaghettis. Les égoutter, les verser dans la sauce tomate et bien mélanger. Servir avec les merguez.

**4 personnes**
**10 minutes de préparation**
**1 heure de cuisson**

# PÂTES AGLIO **E OLIO E PEPERONCINO**

*Des pâtes, de l'ail et de l'huile. Et aussi un peu de piment. Simple, net et efficace. On trouve de plus en plus toutes sortes de piments, plus ou moins forts. À chacun d'ajuster selon son goût. J'ai choisi ici des petits piments doux biquinho (ou petit bec) qui sont parfumés sans piquer.*

500 g de pâtes courtes (casarecce) ou longues (spaghettis, linguine)

8 gousses d'ail (en saison, 1 tête d'ail nouveau)

1 petit piment frais long (plus ou moins fort selon le goût) ou 4 ou 5 petits piments frais ronds (doux)

10 cl d'huile d'olive fruitée

sel, poivre

Peler les gousses d'ail, les dégermer si besoin. Couper le piment en quatre et retirer les pépins.

Faire chauffer une grande quantité d'eau bouillante salée dans une grande casserole.

Faire chauffer l'huile d'olive à feu doux dans une poêle. Ajouter les gousses d'ail et le piment dans l'huile et faire confire à feu doux 10 minutes. Si le piment est fort, le retirer après 2 minutes de cuisson.

Faire cuire les pâtes 1 minute de moins que le temps indiqué sur le paquet. Récupérer une petite louche d'eau de cuisson, la verser dans la poêle avec l'ail. Égoutter les pâtes.

Verser les pâtes et bien les mélanger à l'huile pimentée à l'ail.

**4 personnes**
**10 minutes de préparation**
**30 minutes de cuisson**

# PAPPARDELLES **AU RAGOÛT**

*Les pappardelles sont des pâtes longues, larges comme un ruban, qui se prêtent particulièrement bien aux sauces contenant des morceaux. J'ai choisi ici de la viande de bœuf longuement mijotée, qui va s'effilocher dans une sauce épaisse faite avec une base de tomates et de légumes aromatiques. Comme une « bolognaise », mais en mieux. Il est aussi possible de confectionner cette recette avec de la viande de lapin longuement confite.*

400 g de pappardelles

1 kg de viande de bœuf (paleron ou joue, éventuellement en mélange avec du plat de côtes)

500 g de tomates fraîches
ou 1 boîte de tomates pelées (400 g environ)

2 c. à soupe d'huile d'olive

1 oignon

1 branche de céleri

1 carotte

1 c. à soupe de concentré de tomates

1 branche de thym

1 feuille de laurier

20 cl de vin rouge

quelques feuilles de basilic

sel, poivre, pincée de sucre si besoin

**4 personnes**
**20 minutes de préparation**
**3 heures de cuisson**

Dans une grande cocotte, faire chauffer l'huile d'olive. Éplucher l'oignon et le hacher grossièrement avant de le faire revenir dans l'huile. Ajouter le céleri et la carotte coupés en morceaux, le concentré de tomates, bien mélanger et faire revenir 5 minutes.

Couper la viande en gros morceaux. Les mettre dans la cocotte et les faire revenir 5 minutes. Ajouter le thym, le laurier, le vin et les tomates (coupées en cubes si elles sont fraîches). Couvrir et laisser cuire 2 h 30 à feu doux.

Faire cuire les pâtes comme indiqué sur le paquet en retirant 1 minute de cuisson. Les égoutter en conservant une louche de cuisson. La verser dans la sauce qui doit être compotée. Effilocher la viande si besoin et vérifier l'assaisonnement (saler, poivrer, sucrer si besoin).

Ajouter les pâtes et bien mélanger. Parsemer de basilic. Servir immédiatement.

## ASTUCE

*Il est possible de remplacer les pappardelles par des tagliatelles, qui sont moins larges, mais accrocheront quand même la sauce.*

# PÂTES
# À LA SAUCISSE ET À LA FETA RÔTIE

*Pas vraiment une sauce, mais une garniture gourmande et parfumée que l'on peut écraser à la fourchette ou conserver en morceaux.*

500 g de pâtes courtes lisses (casarecce) ou tubulaires et striées (penne, rigatoni)

2 grosses saucisses aux herbes (piquantes ou non selon le goût : ici, saucisses de volaille)

1 paquet de feta

2 branches de tomates cerises

1 tête d'ail

huile d'olive

quelques feuilles de basilic

sel, poivre

Préchauffer le four à 180 °C. Dans un plat allant au four, déposer la feta et les tomates cerises. Couper le haut de la tête d'ail. La mettre dans le plat. Arroser d'huile d'olive et enfourner pour 30 minutes.

Pendant ce temps, faire cuire les saucisses dans une poêle à feu doux, en les faisant un peu dorer. Les couper en morceaux.

Retirer les branches des tomates. Presser la tête d'ail pour extraire les gousses. Écraser grossièrement les tomates, le fromage et l'ail, ajouter les morceaux de saucisses.

Faire cuire les pâtes le temps indiqué sur le paquet. Les égoutter et les verser dans le plat.

Parsemer de basilic. Ajouter un peu de sel et de poivre si besoin.

**4 personnes**
**10 minutes de préparation**
**40 minutes de cuisson**

# BUCATINI **PALOURDES ET POUTARGUE**

## d'Alexandre Giesbert

*Alexandre est le cofondateur des restaurants italiens Daroco qui agitent Paris depuis 2016 et Londres depuis peu. Les pâtes font partie de son quotidien avec sa femme Valentine. Lorsqu'on leur a proposé de nous livrer la recette de leurs rêves, la bataille entre beurre/poivre/parmesan et palourdes/poutargue a été rude. C'est finalement cette version qui l'a emporté, pour notre plus grand plaisir car le résultat est délicieusement gourmand et parfumé. L'association entre les produits de la mer et les herbes fraîches est simplement parfaite.*

500 g de bucatini secs
800 g de palourdes
50 g de poutargue
1 verre de vin blanc
1 gousse d'ail
¼ de bouquet d'aneth
¼ de bouquet de cerfeuil
¼ de bouquet d'estragon
¼ de bouquet de persil
huile d'olive
15 g de beurre
gros sel

**4 personnes**
**20 minutes de préparation**
**1 heure de trempage**
**20 minutes de cuisson environ**

Rincer les palourdes à l'eau froide, puis les déposer dans un bol d'eau avec 1 poignée de gros sel pour leur permettre de relâcher le sable. Les laisser au réfrigérateur pendant 1 heure au minimum.

Rincer de nouveau les coquillages et les égoutter dans une passoire. Hacher la gousse d'ail. Effeuiller les herbes et les hacher grossièrement.

Mettre une grande casserole d'eau à bouillir. Saler généreusement. Mettre les bucatini à cuire.

Pendant ce temps, faire chauffer une poêle avec un filet d'huile d'olive. Lorsqu'elle est bien chaude, ajouter les palourdes et la gousse d'ail. Mélanger, puis verser le vin blanc et couvrir immédiatement. Les palourdes vont s'ouvrir avec la vapeur. Lorsqu'elles sont ouvertes, éteindre le feu et les retirer. Garder le jus des fruits de mer dans la poêle et porter à ébullition. Ajouter le beurre et mélanger jusqu'à ce que ce dernier soit fondu et que la sauce soit bien homogène.

Égoutter les bucatini 1 minute avant la fin de la cuisson et les verser dans la poêle avec la sauce. Bien mélanger, puis ajouter les palourdes et toutes les herbes fraîches.

Répartir les bucatini sur 4 assiettes, puis ajouter la poutargue en copeaux. Servir immédiatement.

# TAGLIATELLES **AU SAUMON**

*Un grand classique qui peut se faire aussi bien avec du saumon frais que du saumon fumé. Avec le poisson fumé, il faut simplement faire attention, car s'il cuit, son côté salé va être accentué et peut être assez désagréable s'il est trop fort. Une pointe de citron, de l'aneth, et voici un plat de fête qui a bercé mon enfance.*

500 g de tagliatelles

200 g de saumon frais ou de saumon fumé

1 citron

50 g de beurre

3 brins d'aneth

option : un peu de chapelure (pour le croustillant), quelques œufs de saumon ou de truite

sel

Faire chauffer une grande casserole d'eau salée et mettre les tagliatelles à cuire.

Pendant ce temps, couper le saumon en lamelles. S'il s'agit de saumon frais, le faire cuire 2 ou 3 minutes dans une poêle bien chaude sans matière grasse.

Faire fondre le beurre dans une casserole ou au four à micro-ondes. Zester le citron et le presser, mélanger les zestes et le jus avec le beurre.

Égoutter les pâtes, les verser dans le beurre citronné et mélanger. Ajouter le saumon, l'aneth ciselé et servir aussitôt.

**4 personnes**
**10 minutes de préparation**
**12 minutes de cuisson**

## ASTUCE

*N'hésitez pas à ajouter un peu de crème fraîche pour adoucir le citron, en revanche, pour respecter la tradition italienne, n'ajoutez jamais de fromage dans les recettes à base de fruits de mer ou de poisson.*

# PÂTES AUX **ARTICHAUTS ET OLIVES NOIRES**

*Ce fut, pendant des années, ma recette du placard, car il est très facile d'avoir toute l'année des cœurs d'artichauts en bocal ou surgelés pour improviser cette recette très parfumée. De l'ail, quelques olives noires, du persil et un peu de parmesan en copeaux pour un plat qui fait son petit effet.*

500 g de pâtes type fusilli
1 bocal de cœurs d'artichauts
20 olives noires
2 c. à soupe d'huile d'olive ou d'huile des artichauts
2 gousses d'ail
50 g de parmesan
3 ou 4 branches de persil
sel, poivre

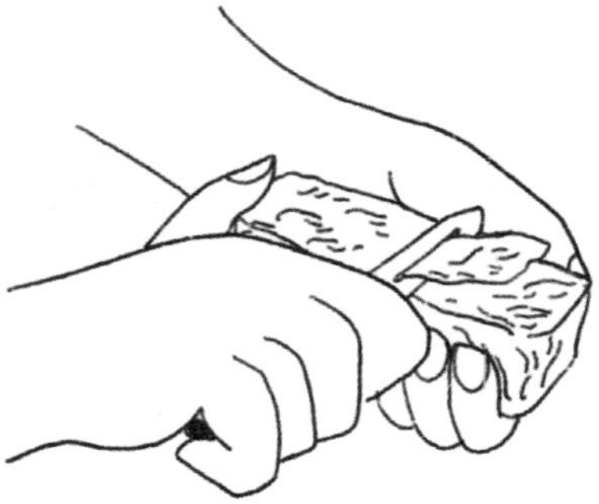

**4 personnes**
**10 minutes de préparation**
**20 minutes de cuisson**

Dans une sauteuse ou une cocotte, faire chauffer l'huile d'olive et ajouter l'ail haché. Laisser 2 ou 3 minutes à feu moyen-vif, puis ajouter les cœurs d'artichauts coupés en quatre. Mélanger et faire revenir 5 minutes. Dénoyauter les olives et les couper en deux. Les ajouter aux artichauts et mélanger. Laisser mijoter quelques minutes.

Pendant ce temps, faire chauffer une grande casserole d'eau salée et y faire cuire les pâtes.

Faire des copeaux de parmesan avec un couteau Économe. Hacher le persil.

Égoutter les pâtes, les verser dans la sauteuse ou la cocotte et mélanger. Ajouter le parmesan, le persil et un peu de poivre.

# SPAGHETTIS **HOMARD, FENOUIL ET PÂTE D'AGRUMES**

*d'Adrien Ferrand*

*Adrien Ferrand est à la tête des restaurants Eels et Brigade du Tigre à Paris. Lorsque je lui ai parlé de ce livre sur les pâtes, il m'a immédiatement fait saliver avec sa recette de pâtes au homard. Pour ne pas les payer trop cher, il conseille de les acheter plutôt l'été et ne pas hésiter s'ils ont une patte difforme ou en moins. La pâte d'agrumes peut être préparée pendant la saison hivernale et conservée en bocal au réfrigérateur. Le fenouil apporte une note anisée et la bisque qui enrobe le tout en fait un plat inoubliable.*

600 g de spaghettis complets à la farine de blé dur
huile d'olive
sel

**Pour la garniture**
3 homards bleus vivants (500 à 800 g pièce)
2 fenouils (avec les tiges)
2 tomates de plein champ

**Pour la pâte d'agrumes**
1 citron Meyer ou 1 petit cédrat
1 clémentine ou 1 bergamote
25 cl de vinaigre blanc
250 g de sucre

**Pour la bisque**
les carapaces et les têtes des homards
¼ de fenouil
2 échalotes
1 branche de céleri
3 gousses d'ail
10 cl de vin blanc
1 l de jus de tomates ou 1 grande boîte de concentré
1 pincée de graines de fenouil
25 cl de crème liquide
100 g de beurre demi-sel
2 citrons
1 pincée de piment de Cayenne

**Pour la finition**
huile d'olive vierge extra
zeste de citron
pluches de fenouil

**6 personnes**
**1 h 30 de préparation**
**1 h 30 de cuisson avec les préparations de base**

Préparer la pâte d'agrumes. Laver, puis tailler les agrumes en quatre. Les mettre dans une casserole avec le vinaigre, 25 cl d'eau et le sucre et faire cuire 1 heure. Récupérer les agrumes et les hacher grossièrement pour faire une purée épaisse. Ajouter une pointe de jus de citron frais. Mettre en bocal.

Préparer les homards. Faire chauffer une grande casserole d'eau bouillante salée. Enfoncer le couteau à la base de la tête des homards. Retirer les pinces, les pattes et les queues. Réserver les têtes et les couper en deux (elles serviront pour la bisque). Faire cuire les pinces et les pattes 3 minutes, puis les queues 1 min 30. Retirer et refroidir dans de l'eau glacée. Décortiquer les homards et mettre les carapaces avec les têtes. Tailler la chair des pinces et des pattes en morceaux de 1 cm de long et des queues en médaillons de 5 mm d'épaisseur. Réserver.

Préparer la bisque. Dans une grande cocotte, faire revenir les têtes et les carapaces de homard à feu vif dans de l'huile d'olive pendant 5 minutes. Ajouter le fenouil, les échalotes et le céleri émincés grossièrement, puis faire suer le tout à couvert 5 minutes. Déglacer au vin blanc, puis mouiller avec 1 l d'eau et le jus de tomates. Ajouter les graines de fenouil et laisser cuire 1 heure à feu doux.

Passer la bisque au chinois en pressant bien pour extraire un maximum de jus. Ajouter la crème, puis le beurre. Terminer par le jus des citrons et le piment de cayenne pour l'assaisonnement

Préparer le reste de la garniture. Émincer finement le fenouil et le faire suer sans coloration dans une casserole. Tailler les tomates en gros dés et les faire revenir quelques secondes dans de l'huile d'olive bien chaude. Réserver.

Faire cuire les pâtes dans une grande casserole d'eau bien salée. Les égoutter et les verser dans la bisque. Ajouter la garniture et les homards. Enrober le tout.

Dans chaque assiette creuse, disposer 1 c. à soupe de pâte d'agrumes, ajouter les spaghettis et la garniture. Terminer avec un zeste de citron, un filet d'huile d'olive et des pluches de fenouil.

# PÂTES AUX **AMANDES ET À LA ROQUETTE**

*Il ne s'agit pas ici de faire un pesto à la roquette et aux amandes, mais d'avoir ces ingrédients non mixés en garniture. Le goût poivré de la roquette relève le tout, ainsi qu'un léger trait de citron. Un peu d'amandes pour le croquant, du parmesan, et voici un plat de pâtes gourmand et complet, où tout se prépare pendant la cuisson des pâtes.*

500 g de spaghettis ou de pâtes longues
50 g d'amandes effilées
100 g de roquette
50 g de parmesan
1 citron
2 c. à soupe d'huile d'olive fruitée
sel

Faire chauffer une grande casserole d'eau salée. Mettre les pâtes à cuire. Faire dorer les amandes quelques minutes dans une poêle.

Pendant ce temps, laver la roquette et l'essorer. Couper grossièrement les feuilles. Râper le parmesan. Zester le citron et le presser, mélanger le tout avec l'huile d'olive.

Quand les pâtes sont cuites, les égoutter et les verser dans un saladier. Arroser avec l'huile d'olive citronnée.

Ajouter la roquette et les amandes, mélanger. Saupoudrer de parmesan et servir immédiatement.

**4 personnes**
**10 minutes de préparation**
**10 minutes de cuisson**

# SPAGHETTIS À LA TRÉVISE **ET À L'ORANGE**

*Des pâtes à la salade cuite, cela peut sembler étrange, mais la trévise est une salade qui passe parfaitement à la poêle. On peut la remplacer par des endives rouges. Des noisettes et de la chapelure pour le croustillant. De l'orange pour accentuer l'acidulé. Une recette pour les amateurs d'amertume !*

500 g de spaghettis
1 trévise ou 2 endives rouges
1 orange
1 poignée de noisettes concassées
20 g de beurre
2 c. à soupe de chapelure
sel

**4 personnes**
**10 minutes de préparation**
**20 minutes de cuisson**

Faire chauffer de l'eau salée dans une grande casserole. Mettre les spaghettis à cuire.

Dans une poêle, faire fondre le beurre et ajouter la trévise ou les endives émincées. Arroser avec le jus d'orange et poêler à feu moyen-vif 5 minutes.

Égoutter les pâtes, les ajouter dans la poêle, parsemer de noisettes, de chapelure et de zestes d'orange.

## ASTUCE

*Il est parfaitement possible d'ajouter 2 ou 3 anchois dessalés et coupés à la trévise en début de cuisson, ou quelques gouttes de colatura. Cette association fonctionne d'ailleurs aussi bien cuite que crue.*

# LES PÂTES GRATINÉES OU SAUTÉES

Si un plat de pâtes est par nature réconfortant, on passe un cap avec les gratins, qu'ils soient avec du fromage, une béchamel ou simplement de la chapelure. Ces plats généreux et conviviaux ont en plus la bonne idée de pouvoir se congeler et de se réchauffer assez bien. Les nouilles asiatiques se prêtent très bien au wok, où elles sont enrobées d'une garniture aromatique et prennent une texture plus croustillante.

# GRATIN **DE PÂTES AU THON**

*Une recette parfaite pour terminer des restes de pâtes avec un fond de placard. Du thon en boîte, des tomates en boîte, un peu de chapelure, et c'est tout ! À réaliser idéalement avec des pâtes tubulaires (rigatoni, penne...).*

800 g de pâtes déjà cuites ou 500 g de pâtes crues à cuire comme indiqué sur le paquet

1 boîte de thon au naturel

1 boîte de tomates concassées

persil ou basilic

20 g de beurre

3 ou 4 c. à soupe de chapelure

sel, poivre, pincée de sucre si besoin

Préchauffer le four à 200 °C. Beurrer un plat à gratin.

Dans un saladier, mélanger le thon émietté et les tomates. Ajouter un peu d'herbes ciselées. Rectifier l'assaisonnement avec du sel, du poivre et du sucre si besoin. Ajouter les pâtes cuites et bien mélanger.

Verser dans le plat beurré. Saupoudrer de chapelure et enfourner pour 15 minutes.

**4 personnes**
**10 minutes de préparation**
**15 minutes de cuisson (si restes de pâtes)**

# LASAGNES RICOTTA, **ÉPINARDS ET TOMATES**

*Des lasagnes aux couleurs du drapeau italien. Une crème aux épinards, des petits morceaux de tomates, de la mozzarella gratinée. Une recette un peu longue, mais très simple, et qui peut se préparer à l'avance et même se congeler.*

12 feuilles de lasagnes fraîches
250 g de ricotta
500 g d'épinards
2 boîtes de pulpe de tomates
125 g de mozzarella en boule ou râpée
½ citron
50 g de beurre
poivre

**Pour la béchamel**
35 g de beurre
35 g de farine
35 cl de lait
sel, poivre

**2 ou 3 personnes**
**45 minutes de préparation**
**50 minutes de cuisson**

Laver les épinards, retirer les grosses côtes. Les précuire à l'eau ou à la vapeur pendant 2 ou 3 minutes. Laisser refroidir et extraire un maximum de jus en pressant avec les mains.

Mixer les épinards avec la ricotta pour obtenir une crème lisse. Ajouter le zeste du citron, un peu de poivre et bien mélanger.

Préparer la béchamel. Faire fondre le beurre dans une casserole et ajouter la farine. Bien mélanger pour obtenir une pâte. Délayer avec le lait, puis faire cuire à feu doux en laissant épaissir. Saler et poivrer.

Préchauffer le four à 180 °C. Beurrer un plat à gratin. Verser 2 c. à soupe de béchamel et tapisser de feuilles de lasagnes. Recouvrir avec de la crème aux épinards, puis avec de la pulpe de tomates. Recouvrir avec des feuilles de lasagnes et recommencer l'empilement. Terminer par la mozzarella. Enfourner pour 25 minutes. Mettre le four en mode gril et laisser gratiner la surface 5 minutes.

## ASTUCE

*Il est possible d'utiliser des lasagnes sèches, il faut alors les faire précuire par 2 ou 3 dans une sauteuse remplie d'eau bouillante. Sinon, elles risquent de ne pas être assez cuites.*

# GRATIN DE MACARONIS **À LA BÉCHAMEL ET AU FROMAGE**

*Un grand classique de la cuisine, que j'ai redécouvert à Lyon chez le Meilleur Ouvrier de France et chef propriétaire des établissements Daniel et Denise, Joseph Viola, dans une version avec les macaronis longs. Étant relativement difficiles à trouver dans le commerce traditionnel, j'ai pris l'habitude de préparer ce gratin avec des macaronis classiques et de rajouter du fromage pour encore plus de gourmandise et me rapprocher du célèbre* mac and cheese *américain.*

400 g de macaronis ou de pâtes tubulaires type coquillettes

25 cl de crème liquide

200 g de cheddar ou de mimolette râpés

200 g d'emmental, de gruyère ou de comté râpés

beurre

sel

**Pour la béchamel**

50 g de beurre

50 g de farine

35 cl de lait

1 râpée de noix de muscade

sel, poivre

**4 personnes**
**10 minutes de préparation**
**30 minutes de cuisson**

Préparer la béchamel. Dans une casserole, faire fondre le beurre et ajouter la farine en une seule fois. Remuer avec une cuillère en bois sans laisser colorer pour obtenir une pâte. Verser le lait progressivement sans cesser de remuer, jusqu'à obtenir une sauce liquide et lisse. Laisser ensuite cuire quelques minutes en tournant, jusqu'à ce que la sauce épaississe. Saler, poivrer, ajouter la muscade et laisser refroidir.

Faire chauffer une grande casserole d'eau salée. Faire cuire les macaronis 3 minutes de moins que le temps indiqué sur le paquet. Les égoutter en gardant 2 c. à soupe d'eau de cuisson.

Préchauffer le four à 200 °C. Beurrer un grand plat à gratin.

Dans un grand saladier, mélanger la béchamel froide avec la crème liquide, l'eau de cuisson réservée et les différents fromages, puis ajouter les macaronis. Les verser dans le plat à gratin. Enfourner pour 6 à 8 minutes. Ne pas hésiter à passer en mode gril quelques minutes afin de bien dorer la surface.

# GRATIN DE PÂTES **AU POTIRON, GORGONZOLA ET ÉPINARDS**

*Un accord classique qui marche à tous les coups, entre la courge fondante et caramélisée (au four ou à la cocotte), les épinards qui apportent de la fraîcheur, le gorgonzola du crémeux et les noix du croquant ! Cette recette peut aussi être préparée avec un reste de pâtes déjà cuites.*

300 g de pâtes tubulaires (rigatoni, penne)
500 g de potiron
250 g de gorgonzola
2 poignées de pousses d'épinards
1 poignée de noix
1 c. à soupe d'huile d'olive
1 c. à café de paprika fumé

Préchauffer le four à 200 °C. Couper le potiron en cubes et retirer la peau. Les mettre sur une plaque de cuisson recouverte de papier sulfurisé et arroser d'huile et de paprika. Bien mélanger et enfourner pour 25 minutes.

Pendant ce temps, faire chauffer une grande casserole d'eau bouillante salée. Mettre les pâtes à cuire.

Hacher grossièrement les pousses d'épinards et les noix. Sortir le potiron du four, le mettre dans un grand plat à gratin, ajouter les épinards, les noix et le gorgonzola. Égoutter les pâtes, les ajouter dans le plat et bien mélanger. Faire gratiner 5 minutes au four.

**4 personnes**
**20 minutes de préparation**
**40 minutes de cuisson**

# NOUILLES **SINGAPOUR AU POULET, CREVETTES ET LÉGUMES**

*Rien à voir avec la cité-État puisque ces nouilles ont en réalité été inventées à Hong Kong après la Seconde Guerre mondiale. Ce nom exotique devait susciter la curiosité de la clientèle. Il est important d'utiliser des vermicelles de riz (et non des nouilles au blé et aux œufs), qui seront sautés à l'huile et colorés par l'utilisation de curry en poudre. Côté garniture, il existe de nombreuses variantes. La plus classique est à base de porc, mais j'ai préféré ici un assemblage complet de poulet, de crevettes et de quelques légumes.*

200 g de vermicelles de riz

1 blanc de poulet

Environ 10 crevettes roses déjà cuites et décortiquées

1 oignon

1 poivron rouge

1 poivron vert

1 pak-choï

1 c. à café de curry en poudre

1 c. à café de chili en poudre (plus ou moins épicé selon le goût)

4 ou 5 c. à soupe d'huile

vert d'oignon nouveau ou cébettes

Dans un wok ou une sauteuse, faire chauffer 1 cuillerée à soupe d'huile. Éplucher et émincer l'oignon puis l'ajouter dans le wok. Préparer les poivrons en retirant le pédoncule et les graines et les couper en lamelles. Les ajouter dans le wok. Émincer le poulet et l'ajouter. Couper le pak-choï en 4 ou 6 selon la taille et l'ajouter aussi. Faire sauter le tout quelques minutes puis réserver dans un saladier. Hors du feu, ajouter les crevettes.

Faire chauffer de l'eau à la bouilloire électrique ou dans une casserole, la verser sur les vermicelles et remuer. Au bout de 2 minutes, égoutter les vermicelles, les mettre dans un plat avec un couvercle et laisser reposer 5 minutes.

Pendant ce temps, faire chauffer le reste d'huile avec les épices dans le wok (inutile de le nettoyer avant). Ajouter les vermicelles et la garniture. Bien mélanger.

Servir parsemé d'oignon nouveau ciselé.

**4 personnes**
**15 minutes de préparation**
**30 minutes de cuisson**

# NOUILLES **SAUTÉES AU PAK-CHOÏ**

*La recette flemme et pas chère par excellence. Et un moyen souvent imparable de faire manger des légumes aux enfants. À croire que la sauce soja adoucit les plus récalcitrants. Ce plat se réchauffe très bien au micro-ondes en rajoutant un peu de sauce soja ou bien au wok pour obtenir une texture plus croustillante.*

1 paquet de nouilles chinoises aux œufs

1 ou 2 pak-choï (selon la taille) ou ¼ de chou chinois

2 carottes

2 c. à soupe d'huile de sésame

2 gousses d'ail

1 petit morceau de gingembre

5 c. à soupe de sauce soja

option : mini-maïs, pousses de bambou, champignons noirs...

Faire chauffer de l'eau dans une casserole et faire cuire les nouilles selon le temps indiqué sur le paquet.

Pendant ce temps, faire chauffer l'huile de sésame dans un wok ou une sauteuse. Ajouter les gousses d'ail pressées et le gingembre coupé en petits cubes.

Couper le chou en lamelles. Éplucher et râper les carottes. Ajouter les légumes dans le wok et faire revenir à feu moyen-vif quelques minutes. Arroser avec la sauce soja, ajouter les nouilles cuites et égouttées, bien mélanger.

**4 personnes**
**15 minutes de préparation**
**10 minutes de cuisson environ**

# FRITTATA **DE RESTES DE PÂTES**

*C'est la recette idéale pour les spaghettis cuits en trop grosse quantité et qu'on aura du mal à réchauffer. La frittata se fait sur une base d'omelette, et on peut y ajouter des légumes, des lardons, du fromage, selon les goûts et ce dont on dispose dans sa cuisine. Apporter à table cette grosse galette de pâtes dans laquelle on va couper des tranches fait toujours son petit effet, et la frittata a l'immense avantage de pouvoir se manger froide si on le souhaite.*

600 g de spaghettis cuits
4 ou 5 œufs
10 cl de lait ou de crème liquide
1 belle tomate
quelques feuilles de basilic
huile d'olive
option : lardons ou pancetta, fromage (pecorino, provolone, mozzarella)
sel, poivre

**4 à 6 personnes (selon qu'il s'agit d'un plat unique ou d'un élément d'un buffet ou d'un pique-nique)**
**10 minutes de préparation**
**20 minutes de cuisson**

Casser les œufs dans un grand bol et les battre en omelette avec le lait. Saler et poivrer. Immerger les pâtes dans le mélange et ajouter la tomate coupée en cubes. Mélanger. Ajouter de la charcuterie et du fromage si vous le souhaitez.

Préchauffer le four à 180 °C. Faire chauffer de l'huile d'olive dans une poêle (idéalement qui peut passer au four, donc avec un manche en métal ou amovible). Verser le mélange dedans et faire cuire quelques minutes à feu doux. L'omelette va commencer à prendre.

Enfourner pour environ 10 minutes. Il est possible de monter la température et de passer en mode gril quelques minutes pour faire dorer et croustiller la surface de la frittata.

La sortir du four, passer une lame ou une spatule sur tout le tour et démouler. Parsemer de basilic et déguster immédiatement ou laisser refroidir pour servir à température ambiante.

# ONE POT PASTA ET DÉRIVÉS

Quand la vague des « one pot » a déferlé il y a quelques années, j'avoue avoir ressenti une grande méfiance envers ces recettes à la promesse alléchante : tout mettre en même temps dans une casserole ou une cocotte et obtenir une cuisson parfaite. Et pourtant... certaines pâtes s'y prêtent particulièrement bien, pour un résultat qui rappelle celui du risotto !

# PASTOTO DE COQUILLETTES **AU JAMBON ET AU COMTÉ**

*Quand les coquillettes au jambon de notre enfance rencontrent le crémeux du risotto. Beaucoup de chefs s'y sont d'ailleurs mis, proposant à leur carte ces versions pour adultes, parfois grand luxe avec quelques lamelles de truffes. La clé de la réussite : ne pas transiger sur la qualité des ingrédients. Du bon jambon en tranches épaisses pour pouvoir y couper des cubes, un comté de qualité que l'on râpe soi-même et un bouillon savoureux.*

300 g de coquillettes
400 g de jambon blanc
100 g de comté ou moitié comté, moitié parmesan
1 c. à soupe d'huile d'olive
1 cube de bouillon
option : truffe, ciboulette
poivre

**4 personnes**
**10 minutes de préparation**
**10 minutes de cuisson**

Dans une sauteuse ou une cocotte, faire chauffer l'huile d'olive. Ajouter les pâtes et mélanger pour les enrober. Laisser colorer 2 ou 3 minutes.

Pendant ce temps, faire chauffer 1 l d'eau et y dissoudre le cube de bouillon. Verser 2 ou 3 louches sur les pâtes et faire cuire à feu doux en remuant régulièrement et en ajoutant au fur et à mesure du liquide. Tester la cuisson (plus ou moins *al dente* ou fondante selon les goûts).

Couper le jambon en cubes, râper le fromage. Les ajouter en fin de cuisson, bien mélanger, poivrer et servir immédiatement.

# PÂTES
# **AU MISO**

*de Lola Spun*

*Lola tient depuis longtemps un blog de cuisine intitulé Un litre d'huile par semaine. Pour affiner cette recette de rêve, elle a regardé des heures de vidéos d'Alex (French Guy Cooking) et a testé différentes versions en quête de la plus efficace : bonne, bon marché, avec des pâtes que l'on trouve en grandes surfaces. Son astuce ? Faire cuire les linguine ou les spaghettis dans une poêle ou une sauteuse, et donc dans un volume d'eau limité, ce qui fait économiser de l'eau, du temps et de l'énergie, et permet aussi de mieux concentrer l'amidon qui se libère dans l'eau de cuisson. L'association miso et beurre est une excellente base pour avoir de l'umami et une émulsion !*

250 g de linguine *al bronzo* (type Barilla®)
2 c. à café de pâte de miso blanc
30 g de beurre demi-sel
½ citron
quelques feuilles de basilic
sel, poivre

Faire bouillir de l'eau dans une poêle ou une sauteuse avec 1 pincée de sel. Ajouter les linguine et faire cuire les pâtes 1 minute de moins que le temps indiqué sur le paquet.

Pendant la cuisson des pâtes, couper le beurre en petits morceaux et râper dessus le zeste du citron. Profiter aussi du temps de cuisson pour ciseler le basilic.

Vider partiellement la poêle ou la sauteuse pour égoutter les pâtes en conservant environ une louche d'eau de cuisson. Remettre le récipient à feu doux avant d'ajouter le beurre citronné et le miso.

Remuer les pâtes 2 ou 3 minutes avec une cuillère en bois pour lier la sauce. Juste avant de servir, ajouter quelques gouttes de jus de citron et le basilic, mélanger une dernière fois, poivrer et servir aussitôt dans les assiettes.

**2 personnes**
**15 minutes de préparation**
**10 minutes de cuisson environ**

# PÂTES **AU FENOUIL, PIGNONS ET ANCHOIS**

*Une recette où les pâtes cuisent dans le jus de cuisson du fenouil. Les anchois apportent une touche umami, alors que les pignons et la chapelure donnent ce qu'il faut de croustillant.*

400 g de pâtes tubulaires
1 fenouil (avec les tiges)
1 poignée de pignons de pin
4 filets d'anchois ou 1 c. à café de colatura
1 c. à soupe d'huile d'olive
½ orange
2 c. à soupe de chapelure

Couper le fenouil en deux dans la hauteur, retirer le cœur (à jeter) et les pluches (à garder pour la finition), puis émincer en cubes. Couper les anchois en petits morceaux.

Dans une sauteuse ou une cocotte, faire chauffer l'huile d'olive. Ajouter le fenouil et laisser cuire 3 minutes à feu moyen-vif. Ajouter les pâtes, les filets d'anchois et le jus de la demie orange et 20 cl d'eau. Mélanger et couvrir, puis laisser cuire environ 10 minutes en vérifiant régulièrement qu'il y a suffisamment de liquide (en rajouter si besoin).

Saupoudrer de chapelure, de pignons de pin et de pluches de fenouil.

**4 personnes**
**10 minutes de préparation**
**15 minutes de cuisson**

# RAGOÛT D'ORECCHIETTE **AUX CALAMARS**

*Un plat goûtu et réconfortant, qui reprend les éléments d'un grand classique des plats en sauce, la daube. L'utilisation des calamars permet de réduire le temps de cuisson par rapport à la viande. Les orecchiette ont une tenue parfaite pour ce genre de préparation mijotée en cocotte.*

300 g d'orecchiette
300 g de petits calamars
10 cl de vin rouge
1 branche de céleri
1 petite carotte
1 petit oignon
1 gousse d'ail
1 c. à soupe d'huile d'olive
1 c. à soupe de concentré de tomates
1 branche de thym
1 feuille de laurier
1 c. à café de paprika fumé
sel, poivre

Préparer les calamars (ou demander au poissonnier de le faire). Tirer sur la tête et les tentacules pour les séparer du corps. Bien rincer pour retirer les viscères. Retirer le bec et l'os. Couper le corps en lamelles et laisser les tentacules entiers.

Couper la branche de céleri et la carotte épluchée en petits cubes. Éplucher l'oignon et l'émincer.

Dans une cocotte, faire chauffer l'huile d'olive. Ajouter les légumes, la gousse d'ail pressée, le concentré de tomates, le thym, le laurier, le paprika, du sel et du poivre. Mélanger et laisser cuire 3 minutes.

Ajouter les calamars et le vin, puis les pâtes. Mouiller avec de l'eau en dépassant de 1 cm. Couvrir et laisser cuire environ 10 minutes.

**4 personnes**
**30 minutes de préparation**
**30 minutes de cuisson**

# PASTA
# E FAGIOLI

*Une recette qui permet d'utiliser les fonds de sachets de pâtes, même si l'idéal est de ne prendre que des variétés avec le même temps de cuisson pour plus de facilité. Un plat complet, naturellement végétarien, mais tellement gourmand et rassasiant que personne ne s'en rendra compte.*

300 g de pâtes en mélange (plutôt des pâtes courtes qui cuisent en 9 ou 10 minutes)
300 g de haricots frais écossés (un peu plus de 600 g en gousse) type cocos de Paimpol
2 c. à soupe d'huile d'olive
1 oignon
1 gousse d'ail
1 branche de céleri
1 carotte
1 petite boîte de concentré de tomates
1 branche de thym
1 feuille de laurier

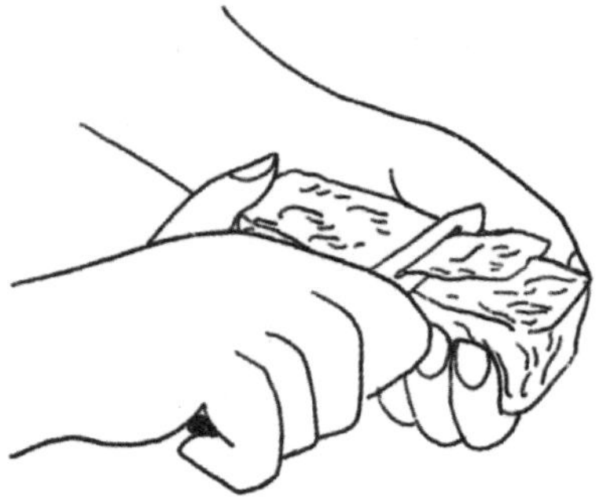

**4 à 6 personnes**
**30 minutes de préparation**
**1 heure de cuisson**

Écosser les haricots et les rincer. Dans une cocotte, faire chauffer l'huile d'olive avec l'oignon émincé et la gousse d'ail pressée. Couper la branche de céleri en petits tronçons. Éplucher la carotte et la couper en petits morceaux. Les ajouter dans la cocotte et mélanger. Laisser mijoter au moins 5 minutes.

Ajouter le concentré de tomates, le thym, le laurier et les haricots. Couvrir d'eau froide (1 cm au-dessus des haricots), porter à frémissement, couvrir et laisser mijoter 20 minutes.

Ajouter les pâtes, mélanger, vérifier qu'il y a assez d'eau pour couvrir (sinon, rallonger avec un peu d'eau chaude), couvrir et laisser cuire le temps indiqué sur les paquets de pâtes. Saler, poivrer et servir.

## NOTE

*On sale en fin de cuisson, car les légumineuses restent dures si elles sont cuites dans de l'eau salée.*

# PASTA **E PATATE**

*Je n'oublierai jamais la tête de mon fils, âgé d'une douzaine d'années, quand il a découvert, lors de notre dernier repas à Naples, les pâtes à la pomme de terre, plat typique de la* cocina popera *napolitaine, où un mélange de pâtes est cuit avec des pommes de terre et est agrémenté de fromages. Une recette roborative, parfaite pour les ados !*

200 g de pâtes (plutôt courtes, cela peut être un mélange de plusieurs variétés)

500 g de pommes de terre (idéalement, une variété à purée)

200 g de provolone

1 croûte de parmesan

20 g de beurre ou 2 c. à soupe d'huile d'olive

1 c. à soupe de vinaigre de vin blanc

sel, poivre

Dans une cocotte, faire chauffer le beurre ou l'huile d'olive. Laver et éplucher les pommes de terre, les couper en morceaux de la taille d'une bouchée. Les ajouter dans la cocotte et mélanger, laisser dorer 5 minutes. Couvrir d'eau (l'eau doit dépasser les pommes de terre de 1 cm) et ajouter du sel, le vinaigre et la croûte de parmesan. Faire cuire environ 10 minutes.

Ajouter les pâtes, mélanger et faire cuire encore 10 minutes à couvert (temps à adapter selon la variété des pâtes). Mélanger à deux ou trois reprises.

En fin de cuisson, retirer la croûte de parmesan. Ajouter le fromage râpé et mélanger. Poivrer et servir.

**4 personnes**
**10 minutes de préparation**
**25 minutes de cuisson**

# FREGOLA SARDA **AUX TOMATES SÉCHÉES**

*Ces pâtes traditionnelles de Sardaigne ressemblent à de très grosses graines de couscous dorées et légèrement torréfiées. Elles se cuisent idéalement comme un risotto et se prêtent donc particulièrement bien aux préparations de type one pot, mais elles peuvent aussi être servies en salade ou dans des soupes. Ici, une version avec des tomates séchées, un peu de porc dont le gras va enrober les graines, et juste du basilic ciselé au moment de servir.*

250 g de fregola sarda
1 bocal de tomates séchées à l'huile d'olive
200 g de pancetta ou de *guanciale*
quelques feuilles de basilic
sel, poivre

Égoutter les tomates et verser l'huile dans une sauteuse ou une cocotte. La faire chauffer et ajouter la pancetta coupée en lardons. Faire revenir 5 minutes à feu moyen-vif.

Ajouter les fregola sarda. Les faire revenir 5 minutes en remuant. Couvrir d'eau et faire cuire environ 10 minutes (vérifier le temps sur le paquet, il peut varier selon la marque).

Couper les tomates confites en morceaux, les ajouter en fin de cuisson. Parsemer de basilic, saler si besoin et poivrer.

**4 personnes**
**10 minutes de préparation**
**15 minutes de cuisson**

## NOTE

*Il est possible d'ajouter du parmesan en fin de cuisson ou au moment de déguster.*

# FIDEUA

*Il s'agit d'une sorte de paella, originaire de la région de Valence en Espagne, mais qui utilise, à la place du riz, une variété de pâtes ressemblant aux vermicelles, qui se trouve au rayon cuisine du monde de certains supermarchés ou en épicerie espagnole ou portugaise. Pour la garniture, moules, crevettes et poisson blanc. Côté légumes, du poivron rouge, et en assaisonnement, une pointe de safran (qui colorera en outre agréablement), un peu de piment, de l'aneth et du persil.*

250 g de pâtes fideua

8 moules espagnoles

8 grosses crevettes roses

400 g de poisson blanc à chair ferme (je demande généralement des chutes au poissonnier type méli-mélo)

3 c. à soupe huile d'olive

1 oignon

2 gousses d'ail

1 poivron rouge

1 dose de safran

1 pincée de pimenton de la Vera (doux ou fort selon le goût)

1 l de fumet de poisson (1 sachet à infuser dans 1 l d'eau)

persil

aneth (ma touche perso)

sel, poivre

**4 personnes**
**10 minutes de préparation**
**20 minutes de cuisson**

Dans une grande sauteuse, faire chauffer l'huile d'olive et y ajouter l'oignon émincé, l'ail pressé, le poivron en lamelles et les épices. Mélanger et faire revenir 5 minutes.

Ajouter les pâtes et le poisson. Mélanger et couvrir de fumet de poisson (assaisonner avec du sel et du poivre selon le goût). Faire cuire environ 10 minutes.

Ajouter alors les moules, les crevettes et terminer la cuisson (environ 5 minutes).

Parsemer de persil et d'aneth.

# CROZETS **AUX POIREAUX ET À LA RACLETTE**

*Les crozets sont des petites pâtes savoyardes. Elles se prêtent particulièrement bien aux préparations gratinées et aux risottos. Ici, une version bien crémeuse, avec du fromage fondu filant, des poireaux et des lardons... Une croziflette !*

240 g de crozets
250 g de poireaux
350 g de fromage à raclette
200 g de lardons
1 c. à soupe d'huile d'olive
25 cl de bouillon de légumes ou de volaille
poivre

Dans une poêle ou une sauteuse, faire revenir les lardons.

Pendant ce temps, préparer les poireaux. Éliminer le bout avec les radicelles et le vert abîmé. Couper les fûts dans la longueur, puis les passer sous l'eau en séparant bien les couches pour retirer la terre. Émincer les poireaux.

Retirer les lardons de la poêle et les éponger sur un papier absorbant. Essuyer la poêle, mettre l'huile d'olive à chauffer et faire revenir les poireaux 5 minutes. Ajouter les lardons, les crozets et le bouillon. Bien mélanger pour que les crozets soient immergés (ajouter un peu d'eau si nécessaire) et faire cuire environ 10 minutes.

Pendant ce temps, retirer la croûte du fromage et le couper en petits morceaux. Les ajouter en fin de cuisson et mélanger pour les faire fondre. Donner un tour de moulin à poivre et servir.

**4 personnes**
**20 minutes de préparation**
**20 minutes de cuisson**

## NOTE

*On peut faire gratiner la préparation.*

# ORECCHIETTE **AUX OIGNONS ET AUX POIS CHICHES**

*Une recette végétarienne complète et goûteuse, qui a le bon goût de cuire dans une grande casserole ou une cocotte. En utilisant des pois chiches déjà cuits en boîte, on en fait une recette du placard très rapide.*

400 g de pâtes courtes type orecchiette
20 g de beurre ou 1 c. à soupe d'huile d'olive
2 gros oignons
20 cl de vin blanc
1 c. à soupe de moutarde à l'ancienne
2 c. à soupe de crème fraîche
1 petite boîte de pois chiches
sel, poivre

Dans une cocotte, faire chauffer le beurre ou l'huile d'olive. Pendant ce temps, éplucher les oignons et les émincer. Les ajouter dans la cocotte et les faire revenir au moins 5 bonnes minutes pour qu'ils deviennent translucides. Ajouter le vin blanc, les pâtes et allonger avec un peu d'eau pour tout recouvrir. Mélanger et faire cuire environ 10 minutes.

Égoutter les pois chiches et les rincer. Les ajouter, ainsi que la crème fraîche et la moutarde. Mélanger et faire cuire encore 5 minutes. Saler, poivrer et servir.

**4 personnes**
**10 minutes de préparation**
**25 minutes de cuisson**

# LES PÂTES EN BOUILLON OU À LA VAPEUR

J'ai grandi dans une famille où le bouillon de poule aux vermicelles comptait parmi les classiques. En grandissant, je me suis rendu compte que cette tradition des pâtes dans du bouillon existait dans d'autres cultures... et que les pâtes pouvaient même se préparer à la vapeur !

# BOUILLON DE POULE ET **VERMICELLES**

*C'est la recette réconfortante, presque un médicament, que l'on sert dans ma famille dès qu'un rhume se profile. Bien évidemment, elle est meilleure si l'on prépare un « vrai » bouillon de poule, mais il existe de très bons bouillons instantanés que l'on peut utiliser si l'on n'a pas le temps ou l'envie de le préparer soi-même. Idéalement, on prépare le bouillon de poule la veille pour pouvoir le dégraisser une fois refroidi.*

200 g de vermicelles
1 poule
2 carottes
1 vert de poireau
1 branche de céleri
1 oignon
1 gousse d'ail
1 clou de girofle
1 branche de thym
sel

Mettre la poule dans une grande cocotte, couvrir largement d'eau et porter à ébullition.

Pendant ce temps, éplucher les légumes et les couper en gros morceaux. Peler l'oignon et l'ail. Piquer l'oignon avec le clou de girofle.

Écumer l'eau de cuisson dans la cocotte, baisser le feu et ajouter les légumes, l'oignon, l'ail et le thym. Laisser cuire au moins 3 heures à léger frémissement (il ne faut pas faire bouillir). Laisser refroidir et filtrer.

Prélever la quantité souhaitée pour 4 bols. Réchauffer et saler. Ajouter les vermicelles et laisser cuire le temps indiqué sur le paquet.

## ASTUCES

*Il est possible aussi de préparer le bouillon avec des ailes de poulet ou une carcasse de poulet rôti. Le bouillon obtenu peut se garder jusqu'à 3 jours au réfrigérateur ou 2 mois au congélateur. La poule et les légumes seront délicieux avec du riz et une sauce blanche faite avec du bouillon. Attention à ne saler qu'une fois le bouillon prêt, car il se concentre durant la cuisson avec l'évaporation de l'eau et risque donc d'être trop salé si on sale en début de cuisson.*

**4 personnes**
**10 minutes de préparation**
**3 heures de cuisson**

# PASTINA **ITALIENNE**

*Le bouillon avec des pâtes des grands-mères, mais à la manière italienne. C'est parfaitement réconfortant, gourmand, parfumé.*

200 g de petites pâtes
1 belle carotte
1 branche de céleri
1 c. à soupe d'huile d'olive
1 l de bouillon de légumes ou de volaille
parmesan
poivre

Éplucher et couper la carotte en petits cubes. Couper le céleri en tronçons en réservant les pluches.

Faire chauffer l'huile d'olive dans une cocotte ou une grande casserole. Mettre les légumes à revenir 5 minutes dans l'huile. Couvrir avec le bouillon et faire cuire environ 20 minutes. Ajouter les pâtes et laisser cuire encore 10 minutes.

Râper des copeaux de parmesan au-dessus, poivrer, décorer de pluches et servir bien chaud.

**4 personnes**
**10 minutes de préparation**
**30 minutes de cuisson**

## CONSEIL

*L'idéal est de faire soi-même son bouillon de poule (voir page 120).*

# TLITLI AU POULET **ET BOULETTES**

*de Hanane*

*Le tlitli est une spécialité de Constantine, en Algérie, que l'on sert pour des occasions particulières comme les mariages, on y ajoute alors des œufs, symbole de fécondité. L'été, on utilise des courgettes blanches ; le reste de l'année, des carottes. Les pâtes sont cuites à la vapeur en absorbant la sauce.*

500 g de pâtes langue d'oiseau
2 cuisses de poulet
1 boîte de pois chiches
2 carottes
2 oignons
6 c. à soupe d'huile d'olive
1 bâton de cannelle
1 c. à café de ras el-hanout
½ c. à café de poivre noir moulu
sel

**Pour les boulettes**
300 g de bœuf haché
1 oignon haché
½ bouquet de persil haché
1 c. à café de cannelle
1 c. à café de ras el-hanout
1 c. à café de poivre blanc moulu
2 c. à soupe de chapelure
sel

**4 personnes**
**1 heure de préparation**
**1 heure de cuisson**

Séparer le haut des cuisses des pilons. Éplucher et couper les carottes en gros tronçons. Peler et hacher les oignons.

Dans une cocotte, faire chauffer 2 c. à soupe d'huile d'olive. Ajouter le poulet, les carottes, les oignons, la cannelle, le ras el-hanout et le poivre. Saler. Faire revenir 5 minutes, puis couvrir d'eau. Porter à ébullition, ajouter les pois chiches et laisser cuire 40 minutes.

Pendant ce temps, préparer les boulettes. Mélanger tous les ingrédients et former des petites boules. Retirer le poulet quand il est cuit et mettre les boulettes à cuire 10 minutes dans la sauce à feu doux.

Pendant la cuisson du poulet puis des boulettes, faire dorer les pâtes à sec dans une poêle ou au four préchauffé à 180 °C pendant 15 minutes en les remuant de temps en temps. Mettre les pâtes dans un saladier, les arroser avec le reste d'huile et mélanger avec les mains pour bien les enrober (cela permet d'éviter qu'elles ne collent à la cuisson). Placer les pâtes dans un panier vapeur et les faire cuire 10 minutes. Retirer les pâtes, les arroser d'une louche de bouillon. Laisser s'imbiber en remuant pour bien séparer les pâtes les unes des autres. Répéter l'opération une seconde fois. Les pâtes finissent par absorber tout le bouillon.

Retirer les boulettes de la sauce. Verser les pâtes et mélanger. Laisser mijoter 5 minutes à feu doux avant de les servir avec le poulet et les boulettes.

# ZARU
# SOBA

*Ces soba froides sont parfaites pour se rafraîchir l'été. Elles se préparent très rapidement après un trempage express dans une sauce parfumée pleine d'umami et se « slurpent ». Attention à ne pas se tacher !*

400 g de soba

40 cl de mentsuyu (volume une fois la sauce diluée dans de l'eau froide)

vert de ciboule ou d'oignon nouveau

1 c. à soupe de graines de sésame

Faire chauffer une grande quantité d'eau dans une casserole. Mettre les soba à cuire le temps indiqué sur le paquet. Les égoutter et les refroidir dans un saladier d'eau avec des glaçons. Les remuer pour retirer l'amidon.

Pendant ce temps, préparer la sauce en la diluant selon les indications du flacon. Ciseler la ciboule et l'ajouter ainsi que le sésame.

Répartir la sauce dans 4 bols. Mettre les soba dans un plat ou une assiette creuse avec un petit peu de ciboule. Saisir les nouilles avec des baguettes, les tremper dans la sauce bien froide et déguster immédiatement.

## NOTE

*Le mentsuyu est une sauce pour les nouilles japonaises. Si on veut préparer la sauce soi-même, il suffit de faire chauffer à frémissement pendant environ 15 minutes 40 cl de dashi (ou de l'eau avec 1 morceau d'algue kombu et 1 c. à soupe de bonite séchée) avec 10 cl de sauce soja claire, 2 c. à soupe de saké cuisine et 3 c. à soupe de mirin. Laisser refroidir, puis filtrer.*

**4 personnes**
**10 minutes de préparation**
**quelques minutes de cuisson**

# GYOZAS **AUX LÉGUMES**

*Les gyozas sont des raviolis japonais dont la pâte est très facile à préparer. Leur garniture se prête à de nombreuses variations, carnées ou végétariennes. Ici, j'ai choisi d'utiliser des recettes de légumes d'hiver (chou, poireau, carotte) et d'ajouter quelques champignons (qui peuvent être frais ou séchés). Il est possible de cuire les gyozas à la vapeur, à la poêle ou même de les faire frire. Et les gyozas ont aussi le bon goût de se congeler jusqu'à 2 mois ! Aucune excuse pour ne pas se lancer.*

sauce soja ou sauce pimentée

**Pour la pâte à gyoza**

250 g de farine T55

½ c. à café de sel

12 à 15 cl d'eau bouillante

fécule de maïs

**Pour la garniture**

¼ de chou vert

1 poireau

1 carotte

1 poignée de champignons noirs (trompettes-de-la-mort ou champignons chinois réhydratés)

1 gousse d'ail

1 c. à soupe d'huile de sésame

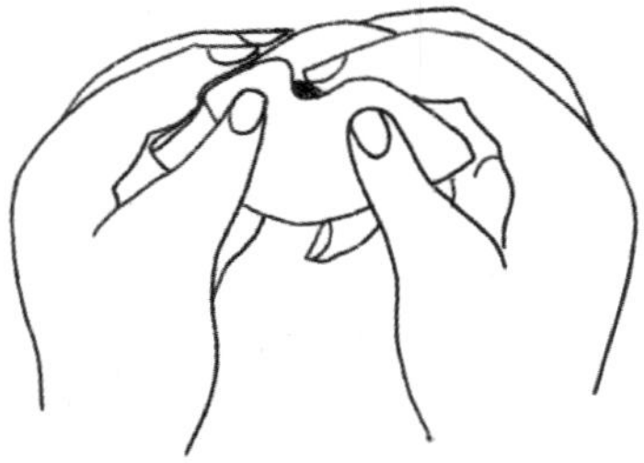

**4 personnes**
**1 heure de préparation**
**30 minutes de repos**
**30 minutes de cuisson**

Préparer la pâte à gyoza. Verser la farine dans un saladier ou sur le plan de travail. Creuser un puits, y verser le sel et l'eau bouillante petit à petit. Mélanger avec une cuillère en rabattant la farine vers le centre et arrêter d'ajouter de l'eau dès que la pâte se tient et forme une boule (le volume total d'eau dépend de la capacité d'absorption de la farine).

Pétrir la pâte 5 à 10 minutes avec les mains (attention à ne pas se brûler au début) pour qu'elle soit bien souple. La mettre en boule dans le saladier, couvrir avec un film et laisser reposer 30 minutes.

Pendant ce temps, émincer finement le chou et le poireau, éplucher et couper la carotte en petits dés, hacher les champignons. Faire chauffer l'huile, ajouter l'ail pressé, les légumes et faire revenir le tout 5 minutes à feu moyen-vif. Réserver.

Couper la pâte en quatre. Saupoudrer le plan de travail de fécule. Prendre une part de pâte (remettre les autres sous le film) et l'étaler sur 1 mm d'épaisseur. Y découper des disques de 8 cm de diamètre. Les empiler les uns sur les autres (ils ne colleront pas grâce à la fécule). Procéder ainsi avec les 3 autres morceaux. Prélever 1 c. à café de farce et la placer au centre d'un disque. Humidifier les bords et pliez en deux, en demi-lune, en pressant les bords pour former les plis.

Pour la cuisson, placer les gyozas dans un panier vapeur, sur un papier cuisson perforé (il faudra procéder en plusieurs fois). Faire chauffer une grande casserole d'eau. Placer le panier vapeur fermé dessus et faire cuire 10 minutes. La pâte devient un peu transparente à la cuisson. Servir avec une sauce soja ou une sauce pimentée selon le goût.

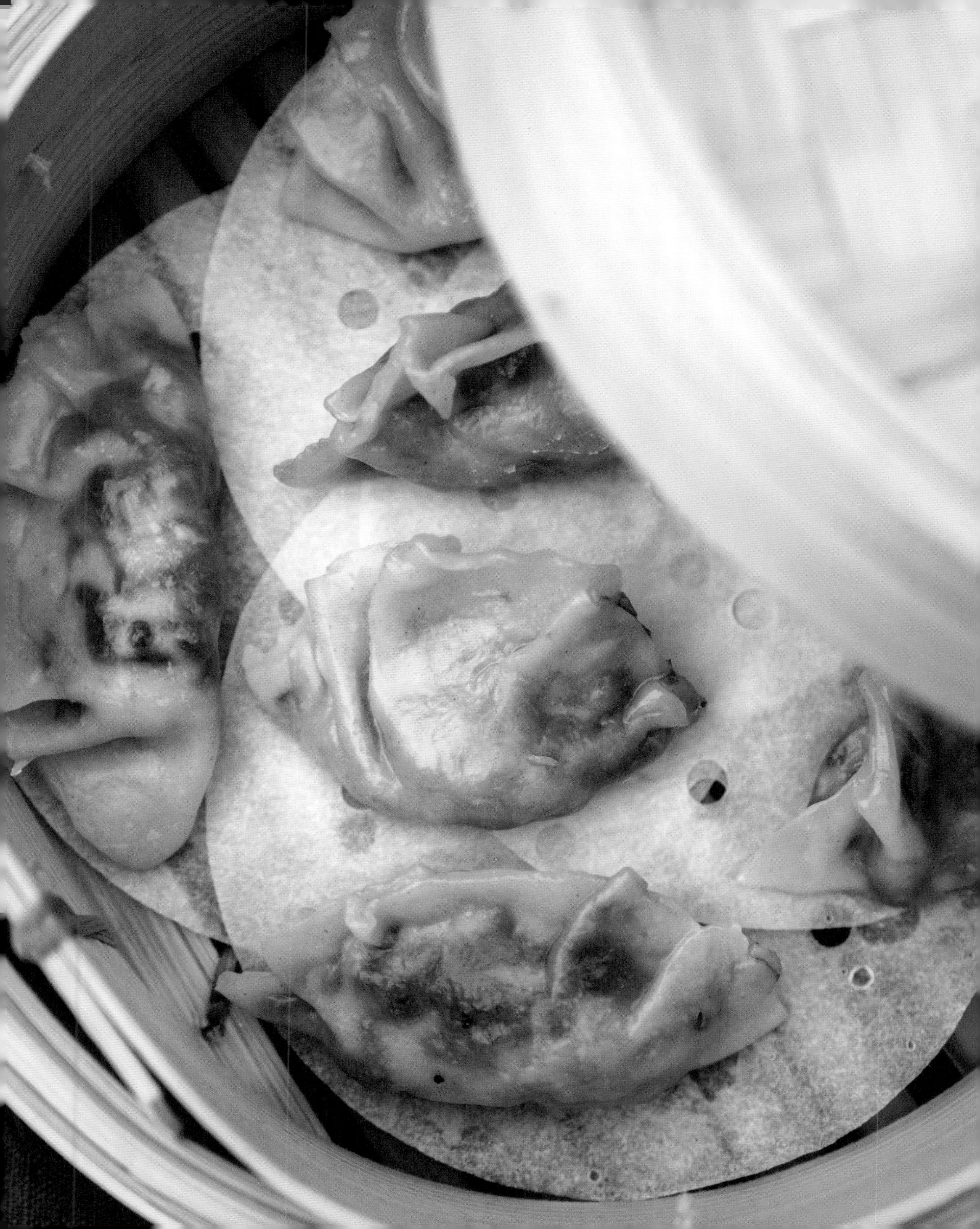

# UDON **NABEYAKI**

*Le terme vient du mot* nabe*, qui signifie « marmite », et de* yaki *qui signifie « cuit », car ce plat est en principe cuit dans une marmite de terre cuite (*donabe*). Je les réalise plus simplement dans une cocotte ou une grande casserole. Les nouilles udon (nouilles de blé de gros diamètre, de 2 à 4 mm) mijotent dans un bouillon dashi agrémenté de sauce soja et de mirin. J'ai toujours un ou deux paquets d'avance pour dépanner. J'aime les servir avec des champignons, du pak-choï et un œuf mollet.*

600 g de nouilles udon fraîches

2 petits choux pak-choï

1 barquette de champignons enoki
ou 200 g de champignons de Paris bruns

1 carotte (facultatif)

4 œufs

40 cl de dashi

5 cl de sauce soja

2 c. à soupe de mirin

1 c. à soupe d'huile de sésame grillé

1 c. à soupe de graines de sésame

**4 personnes**
**10 minutes de préparation**
**10 minutes de cuisson**

Porter à ébullition une grande casserole d'eau. Y plonger les œufs et les laisser cuire 6 minutes. Les refroidir sous l'eau froide et les écaler.

Pendant ce temps, couper les pak-choï en deux dans la longueur. Couper les champignons en deux ou en quatre s'il s'agit de champignons de Paris. Éplucher et râper la carotte si besoin.

Faire chauffer 1 l d'eau avec le dashi, la sauce soja, le mirin et l'huile de sésame. Ajouter les légumes et faire cuire 5 minutes à frémissement.

Ajouter les nouilles, les graines de sésame, les œufs coupés en deux et servir.

## VARIANTE

*Vous pouvez ajouter 2 ou 3 fines tranches de rôti de porc par personne à la place de l'œuf.*

de Buyer

# ROULÉ **JAMBON, RICOTTA ET ROQUETTE**

*Une présentation qui change des lasagnes ou des cannellonis, et dont la cuisson se fait à la vapeur. Un résultat beaucoup moins comfort food crémeux, parfait pour celles et ceux qui n'aiment pas les plats trop roboratifs. Un simple filet d'huile d'olive suffit pour accompagner ces pâtes, mais il est bien évidemment possible de les arroser de sauce tomate. Et dernier avantage : ce roulé se mange aussi froid et peut se transporter très facilement pour un pique-nique.*

400 g de pâtes à lasagnes fraîches, en feuilles ou en rouleau

4 tranches de jambon blanc

400 g de ricotta

50 g de roquette

1 œuf

1 c. à soupe de moutarde

huile d'olive

sel, poivre

Hacher au couteau le jambon et la roquette. Les mélanger avec la ricotta, l'œuf et la moutarde. Saler et poivrer peu.

Dérouler la pâte sur le plan de travail. Tartiner avec la farce et rouler la pâte sur elle-même. Couper des tronçons d'environ 5 cm de long.

Les placer dans un panier vapeur tapissé de papier cuisson perforé.

Faire chauffer une grande casserole d'eau. Placer le panier vapeur au-dessus et faire cuire environ 10 minutes.

Servir immédiatement, arrosé d'huile d'olive.

**4 personnes**
**10 minutes de préparation**
**10 minutes de cuisson**

# MINESTRONE

*C'est la soupe complète par excellence, qui varie selon les saisons, mais reste toujours goûteuse et parfumée. La version que je préfère est celle du printemps, avec les premiers légumes verts. Le plus important est de ne pas trop cuire ces légumes afin qu'ils conservent leur fraîcheur et contrastent avec les légumineuses et les pâtes, qui seront au contraire fondantes. Un peu de parmesan, du poivre, des herbes fraîches, et voici une soupe complète et parfumée, parfaite au début du printemps !*

150 g de pâtes courtes et tubulaires pour minestrone (ditali, gnocchetti)

1 kg (poids net préparé) de légumes verts printaniers (petits pois, fèves, courgettes, fenouils, cocos plats, asperges vertes)

200 g (poids net égoutté) de légumineuses en conserve (pois chiches ou haricots blancs, cornilles)

1 c. à soupe d'huile d'olive

250 g de lard ou de jambon cru (facultatif)

1 oignon

1 gousse d'ail

100 g de carotte

1 branche de céleri

100 g de poireau

1 grosse tomate ou ½ boîte de tomates concassées

1 croûte de parmesan (facultatif)

parmesan râpé

herbes fraîches

sel, poivre

**4 personnes**
**30 minutes de préparation**
**40 minutes de cuisson**

Dans une grande cocotte, faire chauffer l'huile d'olive. Ajouter éventuellement le lard coupé en petits cubes, l'oignon émincé et l'ail haché. Faire revenir 5 minutes.

Couper la carotte et le céleri en petits cubes et émincer le poireau. Concasser la tomate. Les ajouter dans la cocotte, bien mélanger et couvrir avec 1,5 l d'eau. Ajouter la croûte de parmesan si besoin, saler et laisser mijoter 20 minutes.

Pendant ce temps, préparer les légumes printaniers : écosser les petits pois et les fèves, couper les courgettes et les fenouils en cubes, les cocos plats et les asperges en tronçons. Ajouter le tout dans la cocotte ainsi que les pâtes et faire cuire environ 10 minutes. Ajouter enfin les légumineuses le temps de les réchauffer.

Servir avec du parmesan et des herbes fraîches ciselées.

## NOTE

*Le lard ou le jambon cru est facultatif, mais cela donne du goût. Un talon fera très bien l'affaire.*

# LES PÂTES PAS COMME LES AUTRES

Gnocchis, ravioles, salades… les pâtes sortent ici de leur champ habituel. C'est aussi le chapitre où l'on trouvera les pâtes fraîches, que l'on peut préparer soi-même ou acheter (sous vide en grande distribution et chez la plupart des traiteurs italiens).

# GNOCCHIS **AU PESTO DE PISTACHE**

*Je garde un souvenir émerveillé de la première fois où j'ai mangé un pesto de pistache, en Sicile. Pour moi qui ne connaissais que le pesto génois à base de basilic, ce fut une révélation. Pour cette recette, deux types de pâtes peuvent être utilisés à la place des gnocchis : soit des pâtes longues comme des linguine ou des tagliatelles, soit des pâtes courtes torsadées comme les trofie ou les torti.*

100 g de pistaches non salées mondées
40 g de parmesan
4 c. à soupe d'huile d'olive
1 poignée de feuilles de basilic
sel, poivre

**Pour les gnocchis**
500 g de gnocchis frais
OU
500 g de pommes de terre
1 œuf
100 g de farine

Si vous préparez les gnocchis maison, faire cuire les pommes de terre 30 minutes à la vapeur, puis les écraser. Mélanger la purée avec l'œuf, la farine, du sel et du poivre. Couper la boule de pâte obtenue en quatre, former des boudins et les détailler en tronçons de 2 ou 3 cm.

Faire cuire les gnocchis 3 à 5 minutes à l'eau bouillante salée jusqu'à ce qu'ils remontent à la surface (ou suivre les indications du paquet).

Pendant ce temps, mettre les pistaches dans le bol d'un mixeur avec le parmesan et les réduire en poudre. Ajouter 3 c. à soupe d'huile d'olive, le basilic et 1 bonne louche d'eau de cuisson des pâtes. Mixer pour obtenir une pâte lisse. Saler et poivrer.

Dans une poêle, faire chauffer le reste d'huile et mettre les gnocchis à poêler 2 ou 3 minutes. Verser le pesto sur les gnocchis, bien mélanger pour les enrober et servir immédiatement.

**4 personnes**
**10 minutes de préparation + 15 minutes pour les gnocchis**
**10 minutes de cuisson + 30 minutes pour les gnocchis**

# RAVIOLES **GORGONZOLA ET NOIX**

*L'association gorgonzola et noix est très classique, et ces grosses ravioles crémeuses font leur effet. Comme c'est assez riche, je conseille de les servir simplement avec une salade. La cuisson se fait en deux temps, d'abord à l'eau bouillante, puis pour finir dans la sauce, pour un résultat incomparable.*

400 g de pâtes à lasagnes fraîches, en feuilles ou en rouleau

250 g de ricotta de brebis ou de vache

150 g de gorgonzola piquant

1 petit œuf

50 g de noix hachées

50 g de beurre

75 g de parmesan râpé

sel, poivre

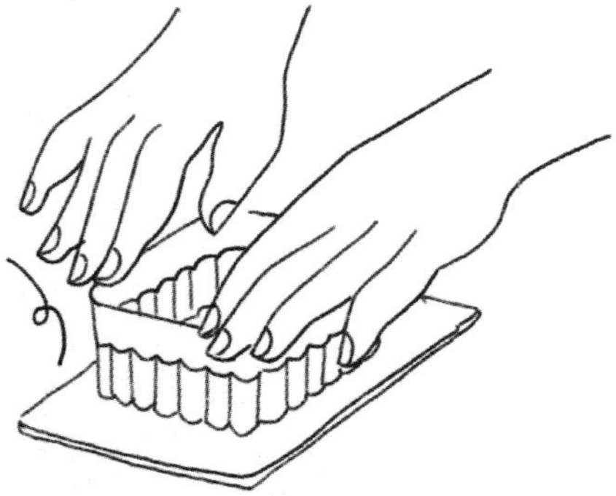

**4 personnes**
**20 minutes de préparation**
**10 minutes de cuisson**

Dans un saladier, mélanger la ricotta, le gorgonzola, l'œuf et les noix. Rectifier l'assaisonnement si nécessaire.

Faire fondre le beurre. Dérouler la pâte et la badigeonner de beurre. Avec une petite cuillère, faire des petits tas de farce en les espaçant. Recouvrir avec une autre bande de pâte. Appuyer pour faire adhérer sur tout le pourtour des tas de farce. Utiliser un emporte-pièce ou un verre pour découper les ravioles.

Faire chauffer une grande casserole d'eau salée. À frémissement, ajouter délicatement les ravioles (attention à ne pas trop en mettre à la fois) et laisser cuire 5 minutes.

Pendant ce temps, faire chauffer une poêle à bords hauts ou une sauteuse, ajouter le beurre fondu restant, le parmesan et 1 louche d'eau de cuisson des ravioles. Égoutter les ravioles à l'aide d'une écumoire. Les mettre dans la sauce et finir la cuisson pendant 2 ou 3 minutes.

Servir les ravioles dans les assiettes et arroser de sauce. Donner un tour de moulin de poivre.

# LASAGNES **SANS FOUR**

*Une recette du placard, à petit prix et sans four, végétarienne mais rassasiante, très crémeuse et fondante. Un bon moyen d'utiliser les feuilles de lasagnes cassées, avec un résultat onctueux, gourmand, revigorant, où les lentilles remplacent la classique viande. Je propose ici une version flemme, avec des lentilles et des champignons en boîte, mais il est bien évidemment possible d'utiliser des lentilles sèches (cuites environ 20 minutes avec un bouquet garni) et des champignons de Paris frais (émincés et cuits avec un peu de matière grasse).*

Entre 100 et 200 g de feuilles de lasagnes sèches brisées

1 boîte de lentilles

1 boîte de champignons de Paris émincés

1 boîte de pulpe de tomates

50 g de fromage râpé (cheddar ou emmental)

1 boule de mozzarella

basilic

sucre

sel, poivre

Égoutter et rincer les lentilles et les champignons.

Faire chauffer une sauteuse ou une cocotte et y mettre les lentilles, les champignons et la pulpe de tomates. Assaisonner, bien mélanger et ajouter les feuilles de lasagnes cassées ainsi que le fromage râpé. Saler, poivrer et ajouter 1 pincée de sucre.

Mélanger et laisser cuire au moins 15 minutes en veillant à ce qu'il y ait suffisamment de liquide et en remuant 2 ou 3 fois. Vérifier la cuisson des pâtes et prolonger éventuellement de quelques minutes.

Parsemer de basilic ciselé avant de servir.

**4 personnes**
**10 minutes de préparation**
**20 minutes de cuisson**

# SALADE **CRÉMEUSE DE SOBA AUX LÉGUMES**

*C'est un régal l'été, avec toutes les saveurs de cette salade, le fondant des nouilles et le croquant des légumes. La sauce crémeuse fait appel au tahini, au beurre de cacahuète, et peut parfaitement être relevée par du piment pour celles et ceux qui aiment.*

300 g de nouilles soba

½ concombre

3 carottes

1 poignée de pousses de haricots mungo (improprement appelées pousses de soja)

**Pour la sauce**

2 c. à soupe de tahini

2 c. à soupe de beurre de cacahuète non sucré

2 c. à soupe de sauce soja

1 c. à soupe d'huile de sésame

1 c. à soupe de graines de sésame torréfiées

½ bouquet de coriandre ciselée

flocons de piments (facultatif)

Faire cuire les nouilles selon les indications du paquet.

Pendant ce temps, laver le concombre et le couper en fines rondelles sans l'éplucher. Recouper les rondelles en deux pour avoir des demi-lunes. Éplucher les carottes et les râper. Rincer les pousses et les sécher.

Préparer la sauce dans un grand saladier en mélangeant tous les ingrédients avec 2 c. à soupe d'eau. Bien émulsionner.

Égoutter les nouilles et les rincer sous l'eau froide en les remuant bien pour retirer l'amidon et éviter qu'elles collent. Les ajouter à la sauce et bien mélanger. Ajouter les légumes et servir.

**4 personnes**
**20 minutes de préparation**
**5 minutes de cuisson**

## NOTE

*Vous pouvez, si vous le souhaitez, parsemer la salade de cacahuètes nature ou épicées, grossièrement hachées.*

# SALADE D'ORZO **AUX ÉPINARDS ET À LA FETA**

*J'aime beaucoup ces pâtes (qui ne font pas vraiment partie de la tradition française) et qui sont très pratiques à utiliser dans les salades (on dirait des grains de riz géants) ou dans les soupes et potages. De la verdure et un petit goût citronné pour cette salade de pâtes qui nous emmène du côté de la Grèce par ses parfums.*

250 g de pâtes orzo
250 g de pousses d'épinards
200 g de feta
jus et zeste de 1 citron
5 c. à soupe d'huile d'olive
sel

Faire cuire les pâtes dans une grande casserole d'eau bouillante salée le temps indiqué sur le paquet.

Pendant ce temps, laver et essorer les épinards. Les hacher grossièrement au couteau.

Dans un saladier, verser le jus de citron, l'huile d'olive et bien émulsionner. Ajouter les épinards et mélanger.

Égoutter les pâtes et les refroidir sous un filet d'eau froide en les remuant à la main pour retirer au maximum l'amidon. Les ajouter aux épinards, bien mélanger.

Égoutter la feta et l'émietter grossièrement. Ajouter la feta et le zeste du citron.

**4 personnes**
**10 minutes de préparation**
**10 minutes de cuisson**

# FEUILLE À FEUILLE **D'ESCARGOTS IGUERANDE**

*de Léo Troisgros*

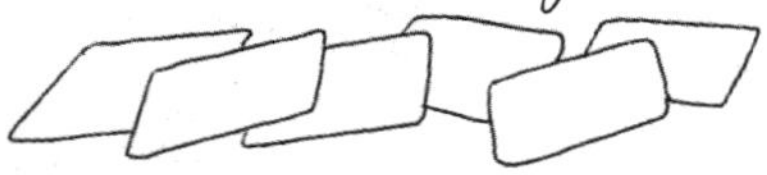

*Cette recette est la première que Léo a imaginée, en 2018, alors qu'il était chef de partie dans la Maison Troisgros à Ouches. Son père lui a confié la mission de créer un plat pour la carte du Central à Roanne, et il a tout de suite choisi son péché mignon, les escargots, mais en s'inspirant d'un plat de Michel ressemblant à un collage de Matisse. Cette recette réunit tout ce que Léo préfère : les escargots de Saône-et-Loire, un beurre persillé, de l'acidité, une pâte à raviole faite maison (facile à faire) et (quelques) légumes !*

36 escargots bio cuits au court-bouillon
3 feuilles de blette
30 g de gingembre frais
farine
jus de 1 citron
cumin
100 g de beurre
fleur de sel, sel

**Pour le beurre vert**
100 g de beurre
25 g de persil
2 g d'ail
1 c. à café d'amandes en poudre

**Pour la pâte à raviole**
400 g de farine
200 g de jaunes d'œufs extra-frais (10) + 1 œuf extra-frais
15 g d'huile d'olive
30 g de lait demi-écrémé

**6 personnes**
**1 heure 30 minutes de préparation**
**12 heures de repos**
**30 minutes de cuisson**

La veille, préparer le beurre vert. Mixer le persil équeuté et l'ail épluché. Ajouter le beurre pommade et les amandes en poudre. Filmer et réserver au frais.

Préparer la pâte à raviole. Dans le bol du robot muni du crochet, mettre la farine et ajouter peu à peu les jaunes d'œufs, puis l'œuf entier. Mélanger à petite vitesse, puis ajouter l'huile d'olive et le lait. Remuer jusqu'au moment où la pâte se décolle du bol. La sortir du bol et la pétrir encore sur la table avec un peu de farine. Elle est prête quand elle a du corps. Envelopper la pâte dans un film et dans une feuille d'aluminium, car elle s'oxyde vite. La garder au frais.

Le jour même, faire chauffer une casserole d'eau salée, avec un verre de farine, le jus de citron et le citron lui-même. Séparer le blanc et le vert des blettes. Retirer les filaments des blancs et cuire les blancs dans l'eau farinée citronnée. Les refroidir, puis les détailler en bâtonnets de 1 cm x 4 cm. Les réserver dans le liquide de cuisson afin d'éviter l'oxydation.

Faire chauffer une grande casserole d'eau salée. Y blanchir quelques secondes les verts de blette, puis les refroidir dans de l'eau froide avec des glaçons.

Faire bouillir une grande quantité d'eau salée dans une grande sauteuse. Sortir la pâte à raviole, en peser 300 g et l'étaler sur 1 mm d'épaisseur. Découper des bandes d'environ 20 cm, puis les cuire 2 minutes. Laisser refroidir.

Détailler les verts de blette et la pâte à raviole irrégulièrement, puis les disposer sans laisser de vide sur un carré de papier cuisson huilé de 13 cm de côté ; il faut compter 1 carré par personne.

Éplucher, puis hacher finement le gingembre. Chauffer une petite poêle, puis y faire torréfier le cumin pendant quelques minutes, avant de le concasser grossièrement.

Faire fondre 50 g de beurre et le laisser prendre une coloration noisette. Mettre le feuille à feuille à réchauffer dans un panier vapeur.

Pendant ce temps, poêler les escargots et les blancs de blette au beurre vert. Déglacer avec un peu d'eau et le beurre restant. Ajouter le gingembre, du sel, puis laisser réduire pour obtenir une consistance nappante. Vérifier une dernière fois l'assaisonnement.

Sur chaque assiette chaude, dresser au centre les escargots et les blettes. Recouvrir du feuille à feuille, assaisonner avec le cumin, quelques gouttes de jus de citron, de la fleur de sel et une cuillerée de beurre noisette.

## NOTE

*Chez les Troisgros, les escargots cuisent 4 heures avec des épices (1 badiane, 1 clou de girofle, 2 gousses d'ail et 15 grains de poivre noir).*

# ROSE DE PÂTE **FARCIE RICOTTA ET SAUGE**

*On connaît tous les raviolis, qui ne sont pas si difficiles que cela à faire soi-même, mais qui demandent du temps pour les façonner un par un. Voici une version plus rapide, avec un effet waouh dans l'assiette, et une double ration de sauge dans la farce et dans la sauce au beurre. En plus, les feuilles de sauge frites dans le beurre sont croustillantes à souhait et délicieuses à croquer !*

600 g de pâtes à lasagnes fraîches en rouleau
400 g de ricotta
1 œuf
2 c. à soupe de sauge ciselée
100 g de beurre
1 poignée de feuilles de sauge
sel, poivre ou muscade

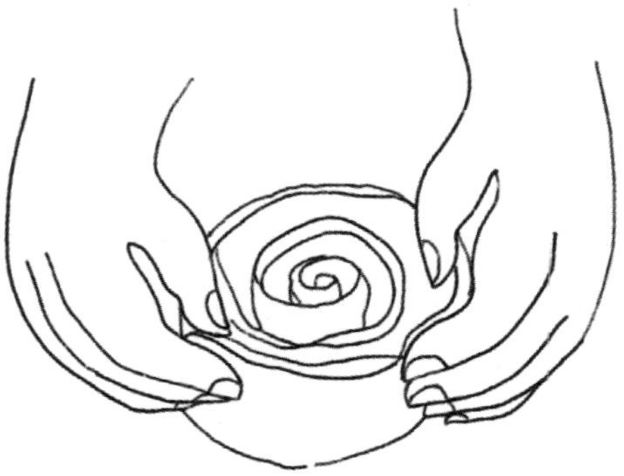

**4 personnes**
**20 minutes de préparation**
**15 minutes de cuisson**

Dans un saladier, mélanger la ricotta, l'œuf et la sauge ciselée. Assaisonner avec du sel, du poivre ou de la muscade et mettre dans une poche à douille (sans douille) ou un sac congélation (dont on coupera un des coins).

Dérouler la pâte ou l'étaler pour former 4 rectangles d'environ 60 cm x 12 cm. Les humidifier à l'eau sur toute la surface avec un pinceau (cela facilitera l'adhérence).

Pocher un boudin de farce (en démarrant à 2 cm d'un petit côté, légèrement décentré vers le haut). Replier la pâte sur elle-même sur toute la longueur et presser pour faire adhérer la pâte autour de la farce. Couper avec une roulette cannelée et enrouler la bande repliée sur elle-même pour former une rose.

Faire chauffer de l'eau salée dans une cocotte ou une grande casserole. Lorsqu'elle est à frémissement, déposer délicatement les roses avec une écumoire et les laisser cuire 10 minutes.

Pendant ce temps, faire fondre le beurre avec les feuilles de sauge dans une grande poêle. Égoutter les roses de pâte, les mettre dans le beurre de sauge et terminer la cuisson en arrosant régulièrement avec le beurre infusé.

# SPÄTZLE **ALSACIENNES**

*Il s'agit de pâtes aux œufs cuites à l'eau avant d'être poêlées au beurre. Il est aussi possible de les mettre ensuite dans un plat à gratin avec de la crème et de les passer sous le gril au four. Les proportions sont 2-1-1 : 2 fois plus de farine que d'œufs et d'eau. Il faut normalement une grille passoire spéciale pour étaler la pâte, qui a une texture de pâte à crêpes épaisse, et la faire tomber directement dans l'eau bouillante. Mais on peut tout à fait utiliser une râpe à légumes gros trous ou une passoire au-dessus de la casserole.*

400 g de farine
200 g d'œufs (4)
1 pincée de sel
100 g de beurre

Dans un saladier, mettre la farine et faire un puits. Y casser les œufs, ajouter le sel et commencer à mélanger avec une cuillère. Ajouter progressivement 20 cl d'eau en mélangeant au fouet pour obtenir une pâte épaisse, légèrement coulante et bien lisse.

Faire bouillir une grande quantité d'eau dans une casserole assez large ou une sauteuse. Placer la grille ou la râpe au-dessus et faire couler la pâte à travers les trous. Les spätzle vont tomber dans l'eau. Attention à ne pas en mettre trop à la fois. Les pâtes sont cuites quand elles remontent à la surface. Retirer les pâtes cuites avec une écumoire et les réserver dans un plat creux.

Quand toutes les pâtes sont cuites, faire fondre le beurre dans une poêle ou une sauteuse et y faire revenir les spätzle en remuant pour bien les enrober.

**4 personnes**
**5 grosses minutes de préparation**
**15 minutes de cuisson environ**

# SALADE DE PÂTES **ESTIVALE**

## *d'Alexia Foucher-Charraire*

*Alexia dirige les Vergers Saint-Eustache qui fournissent les professionnels de la restauration en fruits et légumes. Les légumes font partie de son quotidien, en toute saison, et elle les propose notamment dans une grosse salade de pâtes, qui agrémente ses tablées familiales pendant tout l'été. Petits comme grands raffolent de cette salade parfumée, qui mélange croquant et moelleux.*

500 g de farfalle ou de penne
500 g de tomates anciennes
1 concombre libanais
½ botte de radis roses
1 botte de cébettes
quelques feuilles d'un cœur de laitue
quelques feuilles de basilic nain ou de basilic classique
250 g de billes de mozzarella
25 olives de Kamalata
sel

**Pour la vinaigrette**
6 c. à soupe d'huile d'olive
2 c. à soupe de vinaigre de cidre
2 gousses d'ail rose
quelques brins de ciboulette
sel, poivre

Préparer la vinaigrette dans un grand saladier en mélangeant l'huile d'olive, le vinaigre, l'ail écrasé, du sel et du poivre. Ajouter de la ciboulette ciselée.

Faire chauffer une grande casserole d'eau bouillante salée et y faire cuire les pâtes le temps indiqué sur le paquet.

Pendant ce temps, couper les tomates en cubes. Les mettre au fur et à mesure dans une passoire placée sur une assiette creuse ou un bol et laisser le jus s'égoutter. Peler le concombre (1 bande sur 2), le couper en deux dans la longueur, retirer les graines. Couper ensuite des bandes de 1 cm de large, puis des cubes. Laver les radis et les couper en rondelles. Couper les cébettes (blanc et vert) en rondelles. Laver les feuilles de laitue. Ciseler le basilic si besoin. Égoutter les billes de mozzarella et les olives.

Lorsque les pâtes sont cuites, les égoutter et les rincer sous l'eau froide. Les mettre dans le saladier. Mélanger avec la sauce. Ajouter les autres ingrédients de la salade et bien mélanger.

**4 ou 5 personnes**
**30 minutes de préparation**
**12 minutes de cuisson**

# Index par catégorie de recette

## Pâtes à la viande



## Pâtes au fromage



## Pâtes aux poissons et fruits de mer



## Pâtes veggie



# Index par type de pâtes

## Pâtes à lasagnes



## Pâtes courtes

# Index par ingrédient

## Remerciements

Un grand merci d'abord à ma maman pour ses tagliatelles au saumon, à mon papa pour ses carbos pas du tout dans les règles, à Pouny pour ses boulettes spaghettis, ainsi qu'à celles et ceux qui m'ont fait confiance, ont accepté de transmettre leur recette familiale ou leur création : par ordre d'apparition dans le livre Charlotte, Benjamin, Léa et Laurent, Céline, Alexandre, Adrien, Lola, Léo et Alexia.

Merci aussi à mes enfants pour leur abnégation à manger des pâtes pendant toutes ces semaines.

Un immense merci encore et toujours à toutes les personnes qui ont participé à l'élaboration de ce livre.

Merci d'abord à Rose-Marie, responsable éditoriale de First, qui m'a fait confiance depuis le début, et m'a ainsi permis de continuer cette collection gourmande avec ce retour au salé!

Merci à Julie, l'éditrice sans qui ces livres ne se feraient pas. C'est avec son œil, son expérience et son expertise que l'on arrive à chaque fois à mettre en pages tout ce qui me passe par la tête (et plus encore).

Merci évidemment à Géraldine, c'est un bonheur gourmand sans cesse renouvelé de faire ces shootings photo chez toi. Un big up à Alice, la super stagiaire mannequin main et au congélateur pour la pyramide de pâtes en lévitation.

Merci à Apolline pour les illustrations qui donnent vie aux textes, explicitent les gestes et complètent les photos ; à Laurence et Nathalie pour leur précieuse relecture et leur travail sur les textes ; à Olivia et Lisa pour la maquette et la couverture. Ce livre est une aventure collective et c'est aussi grâce à votre travail, votre expérience et votre talent que le résultat est aussi réussi.

Merci aux équipes commerciales Interforum qui placent le livre en librairie et aux libraires qui le mettent en avant, le poussent en coup de cœur et nous suivent depuis 2019.

Et un merci à vous, lectrices et lecteurs, qui par vos retours sur les premiers livres et notamment les cookies et boulettes nous ont donné envie de continuer à partager ces recettes sur une thématique gourmande plus vaste.

## Bibliographie

*Pasta Grannies*, Vicky Bennison, First, 2021.

*Céréales, pâtes et légumes secs*, coll. « Cuisiner mieux », Time-Life, 1980.

*La Véritable histoire des pâtes*, Luca Cesari, Buchet-Chastel, 2022.

*La Cuillère d'argent Pâtes*, Phaidon, 2010.

*Vermicelles et coquillettes, histoire d'une industrie alimentaire française*, Pierre-Antoine Dessaux, Presses universitaires François-Rabelais, 2023.

*Géométrie de la pasta*, Caz Hildebrand et Jacob Kenedy, Marabout, 2011.

*Préparer autrement les pâtes*, Time-Life, 1987.

*Les Pâtes, histoire d'une culture universelle*, Silvano Serventi et Françoise Sabban, Actes Sud, 2001.

*Les Trois Cuisines de France, pâtes et riz*, Robert Laffont/Gault Millau, 1989.

**Podcast**

*https://www.radiofrance.fr/franceculture/podcasts/le-cours-de-l-histoire/coquillettes-a-toutes-les-sauces-histoire-d-un-triomphe-industriel-9704496*

ISBN : 978-2-412-09430-3
Dépôt légal : septembre 2024
Imprimé en Chine

**Direction éditoriale** : Marie-Anne Jost-Kotik
**Responsable éditoriale** : Rose-Marie Di Domenico
**Édition** : Julie Mege
**Direction artistique et couverture** : Lisa Magano-Benziane
**Mise en page** : Transparence
**Relecture** : Laurence Alvado et Nathalie Reyss
**Photographies** : Géraldine Martens
**Illustrations** : Apolline Muet